BUZZ

© Pyong Lee, 2024
© Buzz Editora, 2024

Publisher Anderson Cavalcante
Coordenação editorial Diana Szylit
Editor-assistente Nestor Turano Jr.
Analista editorial Érika Tamashiro
Preparação Maísa Kawata
Revisão Daniela Georgeto, Carolina Kuhn Facchin e Carolina Manabe Pasetti
Projeto gráfico Estúdio Grifo
Imagem de capa João Menna
Ilustrações Cecilia Cangello

Nesta edição, respeitou-se o novo Acordo Ortográfico da Língua Portuguesa.

Dados Internacionais de Catalogação na Publicação (CIP)
(Câmara Brasileira do Livro, SP, Brasil)

Lee, Pyong
  O código mágico do sucesso: Seja protagonista da sua vida e construa um futuro extraordinário / Lee, Pyong
  1ª ed. São Paulo: Buzz Editora, 2024
  176 pp.

ISBN 978-65-5393-365-1

1. Autoajuda (Psicologia) 2. Crescimento pessoal 3. Empreendedorismo I. Título.

24-219425   CDD-158.1

Elaborado por Eliane de Freitas Leite CRB-8/8415

Índice para catálogo sistemático:
1. Autoajuda: Crescimento pessoal e profissional: Psicologia aplicada 158.1

Todos os direitos reservados à:
Buzz Editora Ltda.
Av. Paulista, 726, Mezanino
CEP 01310-100, São Paulo, SP
[55 11] 4171 2317
www.buzzeditora.com.br

Pyong Lee

O CÓDIGO MÁGICO DO SUCESSO

SEJA PROTAGONISTA DA SUA VIDA
E CONSTRUA UM FUTURO EXTRAORDINÁRIO

BORA DIVIDIR O PALCO — 7

1   **A MÁGICA DA MINHA HISTÓRIA** — 11

2   **A MÁGICA DA GRATIDÃO E DO PENSAMENTO POSITIVO** — 27

3   **A MÁGICA DA CLAREZA E DO AUTOCONHECIMENTO** — 37

4   **A MÁGICA DA DEFINIÇÃO DE OBJETIVOS** — 45

5   **A MÁGICA DO CONHECIMENTO** — 53

6   **A MÁGICA DOS MENTORES** — 63

7   **A MÁGICA DA AUTENTICIDADE** — 73

8   **A MÁGICA DA PERSEVERANÇA** — 81

9	**A MÁGICA DA AUTODISCIPLINA**	89
10	**A MÁGICA DO TRABALHO EM EQUIPE**	99
11	**A MÁGICA DE MANTER HÁBITOS SAUDÁVEIS**	109
12	**A MÁGICA DA CRIATIVIDADE**	117
13	**A MÁGICA DA EVOLUÇÃO CONTÍNUA**	125
14	**A MÁGICA DO MINDFULNESS**	135
15	**A MÁGICA DA ADAPTABILIDADE**	143
	É HORA DE DIZER ATÉ LOGO	149
	CADERNO DE EXERCÍCIOS	153

BORA DIVIDIR O PALCO

Olá! Antes de mais nada, quero dizer que estou muito feliz pela oportunidade de conversar com você, desta vez por meio do meu novo livro. Tenho um filho ainda bem pequeno, o Jake, meu príncipe, e uma das minhas maiores alegrias é pensar que um dia ele poderá ler este livro e se inspirar nas histórias e lições que compartilho aqui, assim como desejo que você se inspire.

Você pode me conhecer das redes sociais, onde tenho uma comunidade incrível que me segue, ou talvez dos reality shows dos quais participei, em que vivi aventuras surpreendentes e inesquecíveis. Esses momentos foram incríveis, mas a minha história começou muito antes de eu ser conhecido na TV e na internet. Minha jornada, que talvez tenha algo em comum com a sua ou de alguém que você conheça, começou bem aqui, no Brasil.

Embora carregue com orgulho minha herança sul-coreana, sou brasileiro de corpo e alma, nascido em São Paulo em 23 de setembro de 1992. Cresci numa família de imigrantes coreanos e, desde cedo, a vida me apresentou desafios intensos que testaram minha força e determinação, como a perda dos meus pais e as dificuldades financeiras da família. Mas foi aproveitando cada oportunidade e reformulando minha maneira de pensar, com disciplina e muito estudo, que consegui transformar meu destino, desafiando as expectativas daqueles que duvidavam de mim.

Este livro é mais do que palavras impressas: é um convite para você se juntar a mim numa jornada incrível de transformação e descoberta de como sua vida pode ser surpreendente com algumas dicas e lições que vou compartilhar. Talvez você precise mudar sua visão, deixar de lado o pensamento de que está sempre faltando algo ou de que você é só mais uma vítima das circunstâncias, para começar a construir um futuro em que você é o dono da sua própria história. E olha só: neste livro, vou explicar em detalhes como ajustar sua rota para transformar tudo para melhor.

Não importa qual seja o momento em que você se encontra. Como um jovem explorando o mundo e que começou a tomar decisões importantes, tenho certeza de que você vai aprender muito ao conhecer minha história e as táticas que me ajudaram a chegar aonde cheguei. Mas já adianto: só alcançamos o sucesso quando nos conectamos com quem realmente somos e quando temos certeza de que nada vai nos impedir de alcançar nossos objetivos. Então, acredite no seu potencial. Você também pode chegar lá!

Vamos começar a desenvolver a mentalidade de um protagonista que alcança suas metas e que faz acontecer. O melhor momento é agora! Depois de mergulhar neste livro — e fazer os exercícios práticos no final —, tenho certeza de que você vai se sentir muito mais preparado para escrever sua própria história de sucesso, se tornar um especialista na arte de conquistar seus objetivos e descobrir toda a mágica que está aí dentro de você.

Topa se aventurar comigo? Juntos, vamos ver como a sua mente e novos hábitos podem ser seus maiores aliados.

Vem com tudo! Suba no palco! A aventura está só começando...

A MÁGICA DA MINHA HISTÓRIA

De repente, órfão

Mesmo que você ainda seja jovem e esteja preocupado com o seu futuro, quero assegurar que a vida não precisa ser uma jornada marcada por preocupações constantes, sem tempo para pensar nos seus sonhos e objetivos. Acredite: alcançar uma vida incrível, próspera e cheia de propósito é bem menos complicado do que você imagina. Às vezes, incorporar certos princípios e rotinas mentais em seu cotidiano é o primeiro passo para começar a trilhar um caminho rumo ao sucesso. Falo com convicção, pois vivi uma realidade dura ainda na infância e, olhando de fora, ninguém me via como um vencedor — nem eu mesmo! Eu era aquele tipo de garoto para quem muitos apontavam o dedo e diziam: "Ah, esse aí não vai chegar a lugar nenhum".
No início da minha adolescência, as coisas não eram muito diferentes, pois minha família não tinha dinheiro para investir na minha educação, e eu destoava da turma pelo fato de ser um garoto asiático.
Mas espera! Vou voltar alguns passos para que você me conheça um pouco melhor.
Você já sabe que sou brasileiro com ascendência coreana e que me tornei famoso na televisão e nas redes sociais, com muitos milhões de seguidores. No entanto, durante a minha infância, enfrentei perrengues que quase ninguém conhece. Para começar, eu tinha apenas nove anos de idade quando minha mãe saiu de casa, deixando a mim e meus dois irmãos sozinhos com meu pai. Nunca mais ouvimos falar dela.
O abandono e os problemas financeiros levaram meu pai à depressão e ao abuso de álcool e cigarros. Ele ficou internado por

três longos anos e morreu com apenas 35 anos. Foi assim que eu e meus irmãos ficamos órfãos, e me vi forçado a amadurecer rapidamente e a assumir responsabilidades que nunca havia imaginado até aquele momento, pois, aos doze anos e com dois irmãos mais novos, de dez e nove anos, eu sabia que tinha de dar o exemplo.

Fui criado por meus avós paternos, que, apesar das dificuldades, me inspiraram muito a nunca desistir. Meus avós vieram para o Brasil em busca de esperança, acreditando que neste país teriam mais oportunidades de prosperar. Não falavam português nem tinham documentos quando desembarcaram em solo brasileiro, por isso a adaptação deles foi complicada. Meu pai e meu tio vieram com eles quando eram ainda adolescentes, mas não puderam estudar porque não sabiam português. A família toda teve de trabalhar duro para sobreviver em São Paulo, no bairro do Bom Retiro, onde inicialmente a comunidade coreana se concentrou. Quando fiquei órfão, meus avós já tinham mais de sessenta anos, mas ainda trabalhavam dezesseis horas por dia! Por isso, costumo dizer a quem reclama de trabalhar de oito a dez horas por dia, ou de precisar fazer horas extras, que deveriam experimentar um pouco da rotina dos meus avós. Ela exige muita resiliência.

Aos doze anos, minha vida já não era muito tranquila, mas acredite, ela ficou ainda mais complicada na fase seguinte. Meu tio, o irmão mais novo do meu pai, decidiu criar os três sobrinhos — ou seja, meus dois irmãos menores e eu — junto de seus dois filhos pequenos. Éramos cinco crianças precisando de cuidados dentro de uma casa. Isso pode não parecer um grande problema para quem ainda não é pai ou mãe, mas quem cuida de criança sabe dos desafios envolvidos na criação dos filhos. E custa caro!

Imagine a situação: falta de dinheiro, dívidas, golpes de oportunistas que se aproveitavam da ingenuidade dos meus avós imigrantes, tudo isso somado à responsabilidade de criar cinco meninos! Graças ao trabalho dos meus avós, do meu tio e de sua esposa, que uniram forças para nos sustentar com dignidade, nunca faltou comida para mim, meus irmãos e meus primos. Aqui, quero destacar que considero meu tio um verdadeiro herói. Ele assumiu a responsabilidade sem nunca fraquejar e cuidou de cada um de nós como um verdadeiro pai.

Naquela época, meu tio era dono de uma pequena confecção de roupas no Bom Retiro, e, para ajudar no sustento da casa, comecei a trabalhar desde cedo; meu primeiro emprego foi como office boy em uma imobiliária, fazendo um pouco de tudo. Lembro bem do meu primeiro salário: sessenta reais.

Apesar de trabalhar meio período, por causa do colégio, foi uma experiência impactante; nessa época, passei a ter ainda mais responsabilidade, ao começar a cumprir horário, e a aprender como funciona a hierarquia. Logo depois, com catorze anos, me tornei assistente em uma loja de montagem e manutenção de computadores. Aos quinze anos, já sabia um pouco de programação. Eu levava o emprego a sério, mas percebi logo de cara que trabalhar em um escritório não era realmente o que combinava comigo. Mesmo assim, meu próximo emprego foi em uma gráfica, onde fui promovido a gerente, tendo de coordenar os funcionários e administrar praticamente todos os serviços da empresa.

Em 2008, o Brasil foi atingido pelos efeitos de uma crise econômica global, o que levou a confecção de meu tio à falência por causa das dívidas. Sem condições de pagar os empregados, comecei a trabalhar com meu tio. Quando completei dezoito anos, a família estava endividada e com o nome sujo, até mesmo os meus avós. Tivemos de usar o meu nome e dos meus irmãos para mudar de ramo, transformar a loja de roupas em uma mercearia e tentar sair daquele buraco financeiro. Foi assim que aprendi a lidar com a burocracia, conferindo documentos, buscando fornecedores e até mesmo cuidando dos assuntos referentes à vigilância sanitária.

Minha rotina de trabalho e estudos era bastante chata, para ser sincero, mas também me trouxe muito aprendizado prático e conhecimento. O problema é que, além de experiência, em apenas sete meses acumulei em meu nome uma dívida de seis dígitos, herdada dos negócios da família.

Na mercearia, eu trabalhava quase sem descanso e não recebia salário, passava mais de treze horas por dia lá dentro — começava às 5 horas da manhã e saía às 18 horas, já anoitecendo — e tinha de correr para a faculdade de direito, que frequentava no período noturno — e não podia tirar notas ruins, pois era aluno bolsista. Meu dia era ocupado pelo atendimento ao público, livros de direito e trabalhos acadêmicos. Assim, eu dormia apenas três ou quatro horas por noite... Claro que eu vivia cansado.

Apesar de ter sido sempre obediente, eu tinha um toque de rebeldia, no bom sentido.

Não me conformava com um mundo sem grandes expectativas e questionava muitas coisas que ouvia em casa, padrões de negativismo e falta de esperança. Sabia que a vida não poderia se resumir àquela rotina com poucas perspectivas de futuro. Confesso que aquela foi uma das piores épocas da minha vida e que quase desisti de tentar alcançar o sucesso.

Mas nem tudo foi perrengue e desafio. Ao longo do caminho, plantei sementes que acabaram me ajudando a fazer minha grande virada.

Aos dez anos de idade, queria muito chamar atenção das pessoas. Talvez fosse uma forma de suprir minha carência emocional pela ausência dos meus pais. Eu sabia que, para ser o centro das atenções, precisava ser diferente dos outros e, por isso, decidi aprender a dançar break, aquela dança de rua em que os dançarinos ficam de ponta-cabeça. A paixão por essa arte foi tão grande que dediquei todo o meu tempo livre a ela. Fiquei obcecado com o que poderia conquistar, então aproveitava intervalos, momentos em casa, finais de semana e feriados para treinar. Logo fiquei muito bom e passei a chamar atenção dos colegas da escola. A dança também foi a primeira arte em que eu realmente investi tempo, energia e foco, e isso aconteceu antes da mágica me cativar.

Às vezes só precisamos de um pouco de mágica

Comecei a me interessar pela arte mágica assistindo aos grandes nomes internacionais, como David Copperfield, Lance Burton, David Blaine, Derren Brown, Criss Angel e muitos outros. A partir de 1999, o programa *Fantástico* passou a exibir um quadro com o ilusionista Mister M, o anônimo inimigo dos mágicos que, vestindo uma máscara para esconder sua identidade, revelava, a cada programa, a verdade por trás de famosos truques.

Não demorou para eu perceber que a mágica poderia chamar mais atenção do que a dança. Então, passei a pesquisar, treinar e me dedicar a aprender mais sobre essa arte, desejando me tornar o melhor de todos os mágicos. Minha dedicação era tanta que eu praticava em todos os lugares: ruas, metrô, ônibus, até no banheiro! Minha mente ficou constantemente imersa nesse universo. Como imaginei, diferentemente da dança, de que ainda gostava, a mágica logo me destacou dos outros jovens adolescentes. Outros garotos também sabiam dançar, mas apenas eu, Pyong, sabia fazer mágicas que impressionavam as pessoas!

Em 2009, com dezessete anos e trabalhando com meu tio, algo crucial aconteceu: eu estava em um evento para mágicos amadores e profissionais, um evento no qual nos encontrávamos para praticar, comprar produtos novos e demonstrar novos truques uns aos outros, quando produtores do SBT me viram fazendo uma mágica com CDs, algo bem inovador na época. O *Programa Silvio Santos* estava divulgando um concurso de mágicos, e aqueles produtores me convidaram para participar do campeonato. A partir daí tudo mudou, inclusive meu nome. Se até então eu usava meu nome de registro, Jaime Cho, ali passei a ser conhecido como Pyong Lee.

Sob os refletores do estúdio, com todo mundo olhando para mim com a maior atenção, tive certeza de que eu queria ser um artista famoso, e foi por isso que escolhi um nome artístico. Lembro-me da mistura de emoções que senti ao ter aquela luz intensa direcionada para o meu rosto e a sensação de ver as pessoas fascinadas pela minha mágica. E os aplausos? Eles reforçaram a minha convicção! Eu estava no caminho certo!

A partir daquele dia, não existia mais um plano B. Minha mente estava focada em me tornar cada vez mais conhecido, uma celebridade! Silvio Santos logo percebeu que o público gostou do "mágico coreano", e os produtores me indicaram para o programa *Qual é o seu talento?*, para o qual fui contratado para participar de um quadro durante um ano inteiro. Virei assistente de palco e me apresentava toda semana. Depois, fiz várias aparições em programas de TV, até o ano de 2012. Estive no programa da Hebe Camargo, do Ratinho e da Eliana, e visitei praticamente todas as emissoras abertas de TV para exibir o meu talento na arte da mágica.

Durante os primeiros anos como mágico, recebi vários convites. Uma dessas ocasiões aconteceu em 2011, quando tive a chance de fazer um belo truque de ilusionismo no quadro "Se vira nos trinta" do *Domingão do Faustão*. Ganhei o primeiro lugar e um cheque de quinze mil reais! Imagine a reação de alguém endividado como eu, tendo um cheque de valor tão grande nas mãos!

Deixando a fama e a exposição de lado, a verdade é que a televisão não era uma fonte lucrativa para mim, pois os prêmios esporádicos não davam conta de pagar todas as dívidas da família nem de nos sustentar. Não recebia um cachê fixo para fazer participações na TV, que funcionavam apenas como uma forma de promoção. Em outras palavras, mesmo quando recebia algum cachê, ele virava um pingo no oceano de contas a pagar.

Então descobri a internet!

Naquela altura, apesar de não ganhar muito dinheiro, eu já sabia que a vida artística era o meu destino. Essa crença me impulsionava e me fazia seguir incansavelmente o sonho de ser famoso. A partir de 2012, as participações na TV ficaram mais escassas. Eu era um estranho no meio de uma comunidade pequena, não conhecia as pessoas certas e não tinha clareza de como conquistar meu espaço. Muitos questionamentos surgiram. Como posso ser reconhecido? Como voltar para a TV? Como ficar famoso? Não tinha respostas prontas.

Então pensei: "Se a televisão não é o caminho, talvez a internet seja". A internet estava mudando o jogo, retirando o poder das mãos das grandes emissoras de TV e rádio. Foi aí que eu percebi o poder que ela tinha de alcançar um público vasto e diversificado em qualquer parte do mundo. Naquele ano, a música "Gangnam Style", do cantor coreano Psy, explodiu, tornando-o uma sensação mundial. Se você pesquisar no Google, tenho certeza de que vai se lembrar dele na hora! Isso me mostrou como as redes sociais podiam viralizar algo ou alguém de um jeito incrível, mesmo vindo de um país distante como a Coreia. Comecei a buscar alternativas para divulgar o meu trabalho na internet. Decidido, convidei quatro amigos e compartilhei minha ideia: íamos produzir vídeos para serem divulgados no YouTube.

Naturalmente, eles ficaram um pouco desconfiados, afinal, naquela época, falar em criar "vídeos para a internet" era algo muito novo, e as redes sociais ainda não tinham a dimensão que têm atualmente. Eu até cheguei a dizer para eles que poderíamos ganhar milhões, uma ideia que parecia estar bem longe da realidade. Mas essa era a visão que eu tinha, e estava decidido a seguir por esse caminho.

Convencidos, eu e meus amigos prosseguimos com determinação: seis meses de conteúdo variado, misturando entretenimento, humor e mágica. Nesse meio-tempo, alcançamos 40 mil inscritos, e um vislumbre de esperança brilhou para mim. Parecia que estávamos no caminho certo. Não era mais preciso buscar espaço na TV; a internet se tornou meu projeto principal. Porém, nem tudo aconteceu do jeito planejado, e acabamos enfrentando desafios internos. Discordâncias surgiram, tensões se formaram e, lamentavelmente, o projeto inicial desmoronou. Naquela época, eu era um precursor no YouTube, e meu canal era a única esperança de transformar a minha vida e a da minha família. De repente, tudo se desfez.

Caí em depressão, embora não tão profunda quanto a do meu pai. As esperanças pareciam ter evaporado. Aos vinte e poucos anos, estava dependendo financeiramente da minha avó. Pode imaginar? Meu tio também enfrentava dificuldades financeiras, e eu, o irmão mais velho de uma família asiática, sentia o peso da expectativa sobre os meus ombros. Já tinha conquistado meu diploma de direito, mas não queria seguir uma carreira jurídica. Confesso que terminei a faculdade somente para honrar os meus avós e o meu tio, pois eles mereciam ver o resultado do esforço que fizeram para que eu estudasse. Meu tio, assistindo de perto ao meu dilema profissional, até sugeriu que eu tirasse a carteira de corretor de imóveis ou de despachante aduaneiro. Ele sabia do meu interesse pela carreira artística, mas queria me oferecer o máximo de opções possíveis para me garantir um futuro tranquilo.

Bem, eu já era adulto e precisava me sustentar. Acredito que essa fase foi ainda mais difícil do que a da infância, porque sentia a pressão de dar um jeito na minha vida, mas não sabia o que fazer, não sabia qual direção tomar. Passei uns quatro meses imerso num estado depressivo. Minha querida avó desempenhou papel fundamental na minha recuperação, sendo meu alicerce espiritual e emocional. Com sua simplicidade e sabedoria, ela me orientava a orar e a confiar em Deus, além de em mim mesmo.

Todos em casa estavam se esforçando muito para enfrentar os desafios, incluindo meus irmãos mais novos, o que era mais um motivo para que eu mantivesse o otimismo e confiasse na orientação divina. Minha tia-madrasta, a quem chamo de mãe até hoje, segunda esposa do meu tio, também foi incansável em nos dar apoio, e terminou de criar a mim e aos meus irmãos como uma verdadeira mãe.

Como me reergui? No dia a dia, entre ajudar meu tio e enfrentar os desafios, eu refletia muito. Precisava recomeçar, ajustando o que não funcionou antes, principalmente no que diz respeito às pessoas com quem unir forças. Depois de muita reflexão, em vez de quatro amigos, optei por apenas um, alguém que já havia demonstrado confiança e dedicação ao projeto anterior e compartilhava dos mesmos interesses. Assim, decidimos começar do zero.

Em maio de 2014, um canal totalmente novo, iniciado do absoluto nada, zero seguidores, foi lançado. Após nosso primeiro vídeo, podíamos ter desistido, mas mantivemos a persistência e a perseverança. Qual foi o resultado? Conquistamos 25 mil inscritos em apenas dois meses! Esse mesmo canal, agora, tem mais de 8 milhões de inscritos. Passei a frequentar eventos de influenciadores digitais, nos quais tive o privilégio de conhecer grandes nomes da minha geração, como Christian Figueiredo, Whindersson Nunes, Júlio Cocielo, Gusta e muitos outros. Construímos uma comunidade de colaboração, algo que na época ainda não era comum no Brasil.

Com gravação de conteúdo conjunto, em uma semana, meu canal disparou com um aumento de 50 mil inscritos. A lição era clara: o poder dos relacionamentos e do apoio mútuo é imenso (falarei sobre isso mais à frente). Também recebi muita visibilidade após participar de um evento de games, onde mostrei mágica — algo que já era minha marca registrada — a criadores de conteúdo de jogos eletrônicos. Sendo o único asiático e mágico no grupo, me destaquei. Os influenciadores de games capturaram esses momentos e, em apenas quatro dias de evento, ganhei mais de 40 mil inscritos.

De repente, eu estava exatamente onde precisava estar, focando na minha intenção e conteúdo, me conectando com as pessoas certas. O crescimento foi constante e os resultados começaram a aparecer, com o canal não apenas ganhando inscritos, mas também atraindo contratos com grandes marcas.

A grande virada

Tínhamos dúvidas se o canal alcançaria o marco de 1 milhão de inscritos antes da virada de ano de 2014 para 2015. E, então, em

31 de dezembro de 2014, atingimos esse feito memorável! Isso me deu segurança de estar no caminho certo, pois tinha atingido um marco significativo que apenas poucos canais na internet alcançavam naquela época — 1 milhão de inscritos era um feito raríssimo.

Depois de muita reflexão, e de ser sempre sincero com meus próprios sentimentos, entendi que as circunstâncias da vida não definiriam meu futuro. Ao assumir a autorresponsabilidade, descobri forças para mudar o meu presente e seguir em frente. Sabe qual foi o principal segredo para a superação? Passei a fazer as coisas com autenticidade e a seguir os meus próprios princípios, com persistência e perseverança. Atualmente, somamos mais de 25 milhões de seguidores nas redes sociais, e centenas de postagens e vídeos. Quero ressaltar que isso aconteceu bem antes da minha participação no *Big Brother Brasil*, em 2020, quando eu já era muito conhecido na internet. Então, imagine: em 2014, o meu canal foi criado; em 2015, alcancei 1 milhão de inscritos; e em 2016, algo importante aconteceu: a hipnose entrou na minha vida.

Mestre da hipnose

A jornada até aqui faz parte da minha história e se formou a partir da somatória de ciclos distintos, cada um deles adicionando uma nova camada de experiências à minha vida. Iniciei com a dança, depois veio a mágica e os programas de televisão, em seguida mergulhei no mundo da internet e na criação de conteúdo para milhões de pessoas.

A hipnose se apresentou como um elemento inesperado. Eu não conhecia essa técnica antes de 2016, mas ela gerou novas oportunidades e desafios na minha carreira. Aconteceu mais ou menos assim: em 2016, fui contratado para divulgar o filme *Truque de mestre: o 2º ato*,[1] um grande sucesso do cinema, cujo enredo girava em

---

[1] *Truque de mestre: o 2º ato*. Direção: Jon M. Chu. Roteiro: Ed Solomon, Peter Chiarelli e Boaz Yakin. Santa Monica: Lionsgate, 2016. (130 min.)

torno de personagens mágicos e hipnólogos muito habilidosos, o que despertou meu interesse e, por isso, decidi explorar a hipnose. Depois de estudar o assunto, conheci um profissional experiente e juntos gravamos um vídeo sobre o tema para o meu canal no YouTube. O resultado foi incrível! Fiquei impressionado e fui surpreendido com o poder da hipnose em ação. Essa experiência despertou ainda mais a minha curiosidade e me levou a buscar novas informações sobre a mente humana e como ela funciona.

A curiosidade sempre foi um traço importante da minha personalidade e, como eu tinha vontade de levar a hipnose a sério, essa sede por conhecimento me levou a fazer vários cursos presenciais e a dar um passo significativo para mim. Desde a faculdade de direito, nunca mais tinha dedicado tanto tempo aos estudos. Durante as imersões, aprendi todos os fundamentos da hipnose, como ela funcionava, como acessar o subconsciente da forma correta e, principalmente, como utilizar essa técnica com responsabilidade para tratar problemas emocionais. Essa nova ferramenta abriu um mundo de possibilidades diante de mim, não apenas para realizar hipnoses divertidas para meus vídeos e entreter o público, mas como forma de impactar positivamente a vida de pessoas que realmente precisam de ajuda.

Lembro até hoje do dia em que um importante professor mostrou ao vivo como funcionava uma terapia usando a hipnose. Escolheu um voluntário entre os alunos e tratou seu transtorno de ansiedade e baixa autoestima, que já durava oito anos, em apenas duas horas.

Eu e os outros estudantes ficamos emocionados diante daquele tratamento, e aquilo me fez estudar ainda mais a partir de então. Nesse curso, descobri que a hipnoterapia pode tratar problemas como depressão, ansiedade, vícios, fobias e outros transtornos emocionais.

Era Deus colocando essa ferramenta poderosa nas minhas mãos para fazer a diferença. Um jovem youtuber coreano, que até pouco tempo antes estava endividado e buscando seu caminho no mundo das celebridades, acabava de encontrar um novo propósito de vida!

Fiquei motivado a ajudar as pessoas a não vivenciarem o mesmo sofrimento que meu pai passou com seu quadro grave de depressão e ansiedade. Assim, direcionei minha energia para cumprir essa missão com empenho e me tornei hipnólogo profissional. Realizei treinamentos com professores renomados na Polônia, estudei com especialistas nos Estados Unidos e na Europa, e me tornei um dos poucos mestres brasileiros a conhecer profundamente os grandes nomes da hipnose mundial, antes mesmo de eles se tornarem conhecidos no Brasil.

Em meio a essa transformação interior, tive um insight. Sentia que Deus estava me guiando para começar a trabalhar e divulgar esse conhecimento de maneira mais efetiva, sem guardar esses aprendizados apenas para mim. Não bastava divulgar minhas habilidades em vídeo, precisava fazer algo mais consistente para atender às necessidades de milhares de pessoas que precisavam de ajuda para lidar com seus problemas emocionais, transtornos e dificuldades. Assim, defini como meta fundar uma escola de hipnose para formar terapeutas profissionais. Até estipulei uma data para a abertura: 23 de março de 2019. E assim aconteceu! Fundei uma escola que já formou centenas de profissionais altamente capacitados para trabalhar com a hipnose e ajudar pessoas.

Um novo ciclo

Com uma carreira sólida construída ao longo de dez anos, em 2018 fui eleito pela revista *Forbes Brasil*, na lista Under 30, como destaque na categoria Web. Em 2020, participei do *Big Brother Brasil*, um reality show de grande visibilidade nacional e alcance incomparável, que me tornou ainda mais conhecido. Participei também dos realities *Ilha Record* (2021) e *Bake Off Brasil: Celebridades* (2021). Cada um desses programas representou o fechamento de um ciclo especial de ensinamento e conexão com outros profissionais da televisão, mas a minha jornada de crescimento, aprendizado e realização do meu propósito continua até hoje. A evolução constante é um dos temas sobre os quais falarei mais adiante. O sucesso é relativo, mas as grandes conquistas — sejam elas na carreira, nos estudos, nos negócios ou em qualquer outra área da vida — são alcançáveis com a mentalidade certa e a busca permanente pelo crescimento.

Minha intenção, ao compartilhar aqui boa parte da minha história, incluindo derrotas e vitórias, não é me vangloriar nem parecer alguém invencível, mas sim servir de inspiração para você nunca desanimar, independentemente das circunstâncias. Lembre-se: as pessoas não fracassam, elas desistem! Pessoas que alcançam grandes feitos têm a convicção absoluta de que vão conseguir o que desejam, portanto não abandonam suas metas e sonhos logo no primeiro desafio que encontram. Elas enfrentam obstáculos como todo mundo, podem até ficar tristes de vez em quando, e mesmo assim persistem e acreditam no próprio potencial.

Se eu, Pyong Lee, mágico, hipnólogo e empresário, vindo de um contexto de desafios financeiros e de orfandade, e superando dificuldades como um jovem de ascendência coreana no Brasil, pude alcançar meus objetivos (e ainda quero mais), você também pode! Nunca se vitimize ou acredite que está destinado ao fracasso.

Ninguém está livre de atravessar tempestades na vida, até mesmo quem nasceu financeiramente favorecido. Tenha certeza de que muitos estão passando, neste momento, por lutas parecidas com as suas, e não existe ninguém que não enfrente desafios. A verdadeira mágica está em escolhermos encarar essas situações com coragem, persistência e determinação.

Cada passo que dei até hoje e cada decisão que tomei desenharam uma parte do meu caminho, e sou grato por todas as etapas pelas quais passei. O conhecimento que adquiri ao longo do tempo não apenas transformou a minha carreira, mas também me ensinou que o poder de moldar o futuro está nas minhas mãos, e que as minhas escolhas podem ter um impacto que se estende além do que se pode ver. A minha jornada, assim como a sua, está em constante construção. Com novos estudos e ações práticas, você pode se desenvolver e avançar — pouco importam os desafios que precisará enfrentar.

Então, vamos para os próximos capítulos!? A conversa pode ficar um pouco mais séria a partir daqui, pois vou apresentar as principais lições e estratégias que funcionaram para o meu crescimento pessoal e profissional. Mas tenho certeza de que cada uma dessas "mágicas" também vai ajudar você a construir um futuro brilhante e repleto de recursos para encarar a vida de peito aberto. Vamos nessa!

A MÁGICA DA GRATIDÃO
E DO PENSAMENTO POSITIVO

Gratidão: reconhecimento e apreciação das coisas boas da vida, cultivando uma atitude de agradecimento.

Pensamento positivo: capacidade de manter uma atitude otimista e esperançosa, mesmo diante de desafios, focando no que é bom e esperando resultados positivos.

Primeiro, quero desfazer um mito: pensar positivo não é fingir que problemas não existem ou viver num mundo de fantasia. É ver o lado bom da vida, mesmo quando os desafios são gigantes. É dizer: "Vai dar certo, porque eu vou fazer acontecer!".

Você já deve ter ouvido falar no Ayrton Senna, ídolo brasileiro das corridas de Fórmula 1 entre o fim da década de 1980 e o início da década de 1990. Ele não era apenas supertalentoso: tinha também uma força de vontade enorme e um estilo otimista de encarar a vida, apesar de toda a pressão e os riscos que envolvem o automobilismo. Mesmo anos depois de sua morte, Senna ainda é um exemplo de determinação.

Aprendi lendo diversos livros que ser otimista é importante para o nosso bem-estar psicológico. Martin Seligman, renomado psicólogo e professor universitário, escreveu em suas obras que pessoas otimistas se estressam menos, lidam melhor com as circunstâncias ruins e vivem mais.

Transformando a mentalidade positiva em ação

Você já ouviu falar sobre o viés de confirmação? É aquela tendência que temos de notar mais aquilo que confirma o que já acreditamos. Então, se você tem mentalidade e visão positivas, vai começar a enxergar mais oportunidades e soluções do que problemas. Parece mágica, não é? Na verdade, é tudo ciência!
Quando você adota uma mentalidade positiva, está treinando seu cérebro para procurar ativamente o lado bom das situações e encontrar maneiras de superar os desafios. É como se estivesse condicionando sua mente a buscar o sucesso e a felicidade, em vez de se prender a aspectos negativos.
No entanto, é importante entender que ser positivo não significa ignorar os problemas ou fugir da realidade, nem se fechar a escutar críticas construtivas e rever comportamentos inadequados. É reconhecer que toda situação traz consigo uma lição ou uma oportunidade de crescimento. Ao encarar os contratempos com otimismo, você se torna mais forte e capaz de transformar desafios em sucesso.
Então, o viés de confirmação não só reforça como percebemos o mundo, mas também indica como podemos moldar nossas próprias experiências. Ao cultivar uma mentalidade positiva e focar no potencial e nas possibilidades, abrimos as portas para o crescimento pessoal e para uma vida mais satisfatória. Em resumo, ao entender e aplicar os princípios do viés de confirmação, podemos transformar nossas esperanças em realidade.

Por que vale a pena ser otimista?

O otimismo ajuda a:

- **desenvolver resiliência:** isso nos dá forças para superar momentos difíceis, acreditando que dias melhores virão;

- **melhorar as relações sociais:** pessoas com uma visão positiva da vida geralmente desenvolvem relacionamentos mais fortes e gratificantes;

- **melhorar a saúde física:** o otimismo pode contribuir para uma boa saúde física, potencializando o sistema imunológico e facilitando a recuperação de enfermidades.

Sempre via minha avó sorrindo apesar das adversidades, dedicando horas ao trabalho e à oração. Ela mantinha a voz doce e um semblante de esperança quando conversava comigo e com meus irmãos. No entanto, essa não era uma postura comum em toda a família; meu tio, por exemplo, guardava certas mágoas e tinha um temperamento mais explosivo. Mas minha avó era um exemplo de fé, gratidão e positividade, o que equilibrava nosso ambiente familiar. Suas atitudes me ensinaram muito e me proporcionaram estabilidade emocional e mental, me ajudando a ver a vida com mais clareza e a esperar por dias melhores, mesmo que o presente estivesse nebuloso.

Ela e meu avô encontraram seu caminho na fé evangélica, e eu cresci nesse ambiente religioso, aprendendo desde cedo o que significa viver os ensinamentos cristãos. Minha avó sempre foi a base espiritual e emocional da família, apesar de ter enfrentado muitas barreiras como imigrante no Brasil e ter visto um filho morrer, meu pai. Ainda assim, nunca deixou de ser grata, de ver beleza nas coisas simples da vida e de ter esperança. Sempre se manteve forte na fé e na oração.

O exemplo da minha avó é sobre não se entregar às dificuldades. Mesmo depois de a família passar por situações de roubos e golpes aplicados por pessoas de má índole, tendo que recomeçar do zero diversas vezes e contraindo dívidas, ela nunca se viu como vítima nem deixou a raiva tomar conta do seu espírito. Escolheu a esperança e a gratidão, uma lição que carrego comigo.

Por isso, quando ministro palestras sobre o funcionamento da mente e sobre como podemos desenvolver uma mentalidade positiva, me baseio muito no que ela viveu e transmitiu. Pode acreditar: sou a prova de que a gratidão e o otimismo funcionam na prática. E convido você a experimentá-los!

Se focar somente no lado ruim das situações, tudo vai parecer sem cor. As pessoas muitas vezes caem na armadilha de só reclamar e de se ver como vítimas, o que é extremamente prejudicial para a saúde mental. Essa tendência pode começar cedo, por exemplo, quando nos comparamos e sentimos inveja pela conquista de coisas materiais pequenas, como um tênis melhor do que o seu ou qualquer outra coisa que alguém tenha e você não. Essa é uma armadilha na qual não devemos cair nunca. Além disso, não sabemos como é a vida da outra pessoa na intimidade. Inveja é um sentimento negativo que afunda o ser humano.

Também aprendi com minha avó a valorizar a vida e a ver cada novo dia como uma chance de mudar algo, aprender mais, errar, cair, levantar e crescer. Por mais que a vida me apresente desafios, sei que estar vivo já é um presente. E essa é a mentalidade que eu quero espalhar por onde vou, seja em minhas palestras, seja nas redes sociais: viver com gratidão e buscar sempre evoluir, com positividade.

Sabia que, todos os dias, cerca de 100 mil pessoas morrem? Uns partem enquanto dormem, outros sofrem acidentes ou adoecem; só o fato de estar vivo, para mim, é razão suficiente para ser grato. Muita gente vive tanto no automático que esquece de valorizar pequenas coisas, como um abraço, um cheiro agradável, um sabor, a capacidade de falar e de expressar sentimentos...

Mesmo quem não pode falar, talvez possa ver; quem não vê, com certeza tem outras habilidades. Quem não anda, tem a mente para imaginar e criar. Inspiro-me em palestrantes com deficiência física, como Nick Vujicic e Marcos Rossi, que viajam pelo mundo compartilhando mensagens de vida, mesmo dependendo de outras pessoas para realizar tarefas básicas. Não se trata de se sentir melhor do que outra pessoa, mas de realmente valorizar o que se tem!

Lembra que eu tinha só doze anos quando meu pai morreu? Claro que fiquei devastado e revoltado, mas ver minha avó continuar lutando pelos netos apesar da dor de perder um filho me ensinou muito. A perda é dura, porém olhar para quem continua conosco, dando amor apesar do próprio sofrimento, nos aproxima da gratidão. Sou grato por tudo: pela família, pelas oportunidades, pelo simples privilégio de viver e, principalmente, pelo meu filho, Jake, um príncipe que Deus me deu e que me faz muito feliz.

O pensamento positivo não é só um estado de espírito. Quando focamos no que desejamos alcançar, nos sentimos motivados, enxergamos nossos objetivos mais claramente e sentimos a alegria da busca e da conquista. Sabe quando pulamos da cama cheios de disposição e prontos para encarar o dia? Essa energia positiva que inserimos nos nossos sonhos e planos faz uma diferença gigantesca. Essa felicidade impacta diretamente na saúde mental e, por consequência, na saúde física, melhorando nosso desempenho em tudo que fazemos. Esse, na verdade, é o poder do pensamento positivo! É a motivação que me faz despertar todos os dias com o olhar no futuro, pois acredito que meus objetivos vão se realizar enquanto sou grato pelo caminho que percorro.

Mas tem um detalhe: **pensamento positivo só funciona se você o exercitar**, algo parecido com fazer um esboço do futuro que queremos construir. Da mesma forma, um estado de ânimo negativo pode contaminar o ambiente ao nosso redor e prejudicar nossa energia. Essa espiral de negatividade pode levar a um desânimo pelos estudos, por exemplo. Você conhece alguém que parece andar com uma nuvem cinza sobre a cabeça? Possivelmente, essa pessoa ainda não descobriu o poder do pensamento positivo. Para quebrar esse ciclo, é preciso construir a autoconfiança. Isso envolve mudar a conversa interna que você tem consigo mesmo, reconhecer os próprios esforços e progressos, e celebrar cada conquista, por menores que elas sejam. Compreenda que errar faz parte do processo e que cada desafio é uma oportunidade para aprender.

Coloque em prática

- **Desafie os pensamentos negativos.** Quando pensamentos autodestrutivos surgirem na sua mente, questione-os! Não deixe que a negatividade assuma o controle, tente interpretar as situações de forma mais positiva.

- **Gratidão.** Adote o hábito de reconhecer e agradecer as pequenas conquistas e alegrias do cotidiano. Por exemplo, receber um sorriso de quem você gosta, uma comida boa, uma nota alta na prova.

- **Escolha suas influências.** Limite sua exposição a notícias negativas e procure se cercar de conteúdos e pessoas que agreguem valor e positividade à sua vida.

- **Conheça histórias inspiradoras.** Ler sobre pessoas otimistas que enfrentaram desafios pode dar aquele gás no seu próprio pensamento positivo, ao aprender com elas como superar obstáculos.

"O PENSAMENTO POSITIVO PODE VIR NATURALMENTE PARA ALGUNS, MAS TAMBÉM PODE SER APRENDIDO E CULTIVADO. MUDE SEUS PENSAMENTOS E VOCÊ MUDARÁ SEU MUNDO."

Norman Vincent Peale

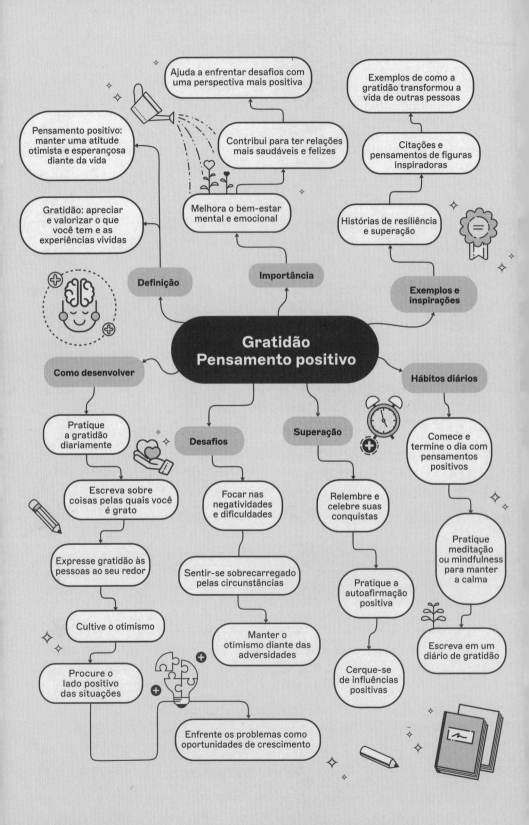

3

A MÁGICA DA CLAREZA E DO AUTOCONHECIMENTO

Clareza: capacidade de ver seus objetivos, desejos e caminhos com precisão, sem confusões ou dúvidas. É saber exatamente o que você quer e por que quer, tornando as decisões mais fáceis e direcionadas.

Autoconhecimento: entender suas emoções, reações, gostos, desgostos e tudo o que faz você ser quem é. É como fazer amizade consigo: você precisa conhecer seus pontos fortes e o que quer desenvolver, e usar essa compreensão para navegar pela vida de maneira mais consciente e autêntica.

Ter clareza é como ter óculos de visão noturna numa floresta escura. Tudo fica mais fácil de ver e entender. Quando temos clareza, sabemos o que queremos, do que gostamos e para onde queremos ir. É como ter um mapa do tesouro só seu, que mostra o caminho para alcançar aquilo que realmente importa para você.

O autoconhecimento é a chave para ter essa clareza toda. Sabe aquelas mágicas que deixam a gente de boca aberta? Conhecer-se bem é algo parecido: quanto mais a gente se conhece, mais fica surpreso com as nossas próprias forças e capacidades.

Para ter autoconhecimento é preciso ser o detetive da sua própria vida. Você começa a investigar o que faz você feliz, o que dá energia e o que a drena. É um caminho de descobertas sobre quem você é, o que ama e o que faz seu coração vibrar ou se fechar.

Entendo que muitos jovens têm dificuldade de definir metas e sonhos com clareza. Às vezes, isso acontece porque o ambiente em que crescemos é sufocante, tira nossa esperança e capacidade de sonhar. Mas saber o que quer alcançar é essencial; se você não tem essa clareza agora, está na hora de correr atrás. Isso significa pesquisar, perguntar, procurar referências e embarcar numa jornada de descoberta até poder dizer com confiança: "É isso que eu quero, exatamente desse jeito".

Se você não sabe o que quer, qualquer caminho serve, e pode acabar sendo levado pelo vento, sem direção definida, como um barco solto nas ondas revoltas do mar. Por outro lado, se você decide, por exemplo, que quer ser médico ou qualquer outra coisa, já tem um objetivo. A partir daí, é definir uma estratégia para atingir a meta: estudar, se dedicar, passar no vestibular, escolher uma especialização etc. Tudo isso começa com a clareza de conhecer seus propósitos e suas paixões.

Isso mostra a importância do autoconhecimento. Quem você é? Quais são seus princípios e o que realmente importa? Do que você gosta e do que você não gosta? As respostas para essas perguntas fornecem a base para definir seus objetivos. É importante ser honesto, pois essa é uma conversa importante que deve ter consigo, sem preconceitos nem regras.

Sempre dialogo intensamente comigo. Gosto de ponderar e aprender com os erros passados e de avaliar meus pontos fortes e fracos. Com base em minha própria experiência, essas conversas internas me ajudam a ter clareza sobre quem eu sou, o que é essencial. Quando decidi que queria estar em cima de um palco e virar mágico, por exemplo, tinha certeza de que me sairia bem. Mais tarde, quando me sentia perdido por causa do fracasso do meu primeiro canal no YouTube, foi justamente o tempo que me dediquei em busca de clareza e autoconhecimento que me tirou do buraco! E foi assim que, em 2016, me interessei pela hipnose e entendi que o estudo desse ramo preencheria a minha paixão pela mente humana. Estava tudo muito claro para mim.

Entender a importância da paixão é superimportante. Seja como empresário, empreendedor, comunicador ou artista, manter o ânimo lá em cima sem paixão é um grande desafio. A paixão é o que dá energia para enfrentar qualquer obstáculo. Ela transforma os perrengues em partes empolgantes da sua história. Ter paixão é crucial para curtir cada fase da sua jornada, mesmo quando aquela preguiça aparece ou as coisas não saem como planejado.

Com uma paixão forte e sabendo claramente o que você quer e como reage aos acontecimentos e desafios do caminho, fica muito mais fácil se manter firme e ter sucesso no que faz. Já pensou nas suas paixões? Pode ser música, dança, leitura, natureza, negócios... São suas, de mais ninguém. Isso quer dizer que ninguém pode decidir suas paixões por você. Ter clareza e se conhecer bem é fundamental para o sucesso, porque sem isso você pode acabar vivendo uma vida que não é sua, uma vida planejada a partir das expectativas de outras pessoas. E quer saber? Por mais que os outros queiram o seu bem, só você pode definir seus objetivos de acordo com suas verdadeiras paixões.

Coloque em prática

- **Relacionamentos saudáveis.** Aplique o que sabe sobre si mesmo para construir relacionamentos mais saudáveis. Isso significa estabelecer limites, comunicar suas necessidades e entender melhor as dos outros.

- **Escolha de carreira.** Use seu autoconhecimento para explorar caminhos de carreira que realmente combinem com suas paixões e habilidades, em vez de seguir o que é esperado por outros.

- **Reflexão pessoal.** Reserve um tempo diário ou semanal para refletir sobre suas ações, pensamentos e sentimentos. Escreva um diário para registrar suas experiências e insights.

- **Autoavaliação.** Realize autoavaliações regulares para identificar seus pontos fortes e áreas de melhoria.

- **Leitura e educação.** Leia livros e artigos sobre desenvolvimento pessoal e autoconhecimento. Participe de cursos ou workshops sobre temas relacionados.

- **Feedback constante.** Solicite feedback de amigos, familiares e colegas de trabalho para obter diferentes perspectivas sobre seu comportamento. Esteja aberto e receptivo às críticas construtivas.

- **Análise de comportamento.** Observe suas reações em diferentes situações para entender melhor seus padrões de comportamento. Analise o que desencadeia certas emoções e como pode responder de maneira mais saudável.

- **Exploração de interesses.** Experimente novas atividades e hobbies para descobrir novas paixões e habilidades. Participe de grupos ou comunidades que compartilham interesses semelhantes.

- **Cuidado pessoal.** Priorize sua saúde física e mental com exercícios regulares, alimentação saudável e descanso adequado. Pratique autocuidado para manter um equilíbrio entre vida pessoal e profissional.

- **Planejamento e revisão.** Crie um plano de ação para desenvolver suas habilidades e alcançar suas metas. Revise e ajuste esse plano regularmente com base em seus progressos e novos insights.

COM CLAREZA
E AUTOCONHECIMENTO,
VOCÊ SE TORNA O AUTOR
DE SUA PRÓPRIA HISTÓRIA,
ESCREVENDO CADA CAPÍTULOCOM
CONFIANÇA E AUTENTICIDADE,
DIRECIONANDO SUA VIDA PARA UM
FUTURO BRILHANTE E CHEIO DE
REALIZAÇÕES PESSOAIS.

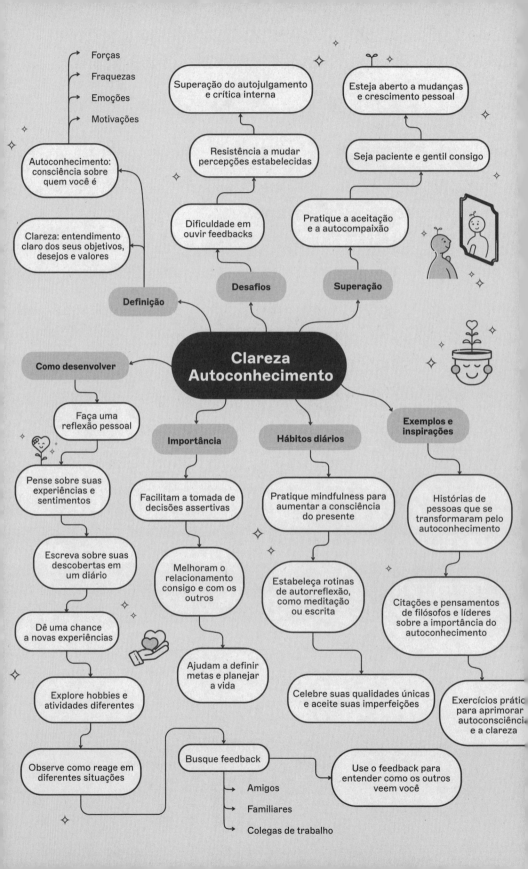

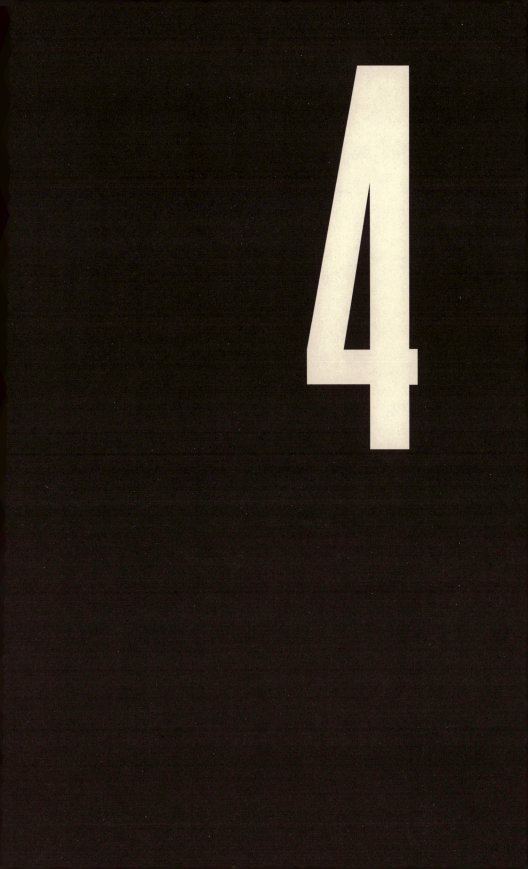

A MÁGICA DA DEFINIÇÃO DE OBJETIVOS

> **Definição de objetivos:** estabelecimento de metas claras e específicas, proporcionando direção e propósito nas ações.

Pense na sua vida como uma viagem. Agora, imagine fazer essa aventura sem um mapa ou GPS, apenas andando sem destino, sem rumo, como se estivesse perdido. Não parece muito eficiente, não é? É exatamente assim que uma vida sem objetivos claros pode parecer: uma jornada sem direção.

Objetivos são mais do que simples desejos; são afirmações claras e específicas de algo que se quer. Não é apenas dizer "quero ser bem-sucedido", e sim "quero ter 1 milhão de reais investidos na minha conta até dia 31 de dezembro de 2025, às 11h", por exemplo.

O psicólogo Edwin Locke, na década de 1960, desenvolveu a Teoria do Estabelecimento de Metas.[2] Gostei muito de aprender sobre esse estudo. A pesquisa conduzida por ele demonstrou que estabelecer metas claras e desafiadoras, e receber feedback sobre elas, aumenta o desempenho e a motivação.

Descobri desde cedo que definir objetivos claros e específicos é essencial, por isso costumo enfatizar esse ponto nas palestras que dou ao redor do mundo. Sempre explico que cada escolha que fazemos desenha um pedaço do nosso futuro e, às vezes, influencia até mesmo pessoas que nem conhecemos (e talvez nunca iremos conhecer). Por exemplo, uma das minhas decisões mais

---

[2] Para mais detalhes, confira: LOCKE, E.; LATHAM, Gary P. *A theory of goal setting and task performance*. [S. l.]: Prentice Hall, 1990.

importantes foi tomada quando fui convidado para o campeonato de mágicas no SBT. Lá entendi que nada atrai mais a atenção de um grande público do que um artista, uma celebridade, alguém que se destaca por seu talento. Assim que percebi isso, defini meu grande objetivo: ficar famoso! Naquela época eu nem sequer tinha um plano B; ser artista era o meu plano A, era a minha única e principal meta.

Além de abrir meus olhos para um mundo novo, a experiência talvez tenha servido de motivação para que outras pessoas que me viram lá criassem coragem de arriscar também.

Quer outro exemplo? Lembra quando contei que ainda criança decidi aprender a dançar break porque queria chamar a atenção das pessoas? Eu buscava reconhecimento e sabia que, para alcançá-lo, precisava fazer algo diferente, ou seria apenas mais um no meio da multidão. Então, eu me dediquei à dança com todo o meu ser, sempre com a ambição de ser o melhor no que fazia. Essa foi a minha primeira meta intencional. Mais tarde, aos dezesseis anos, quando conheci a mágica e decidi que esse era o caminho que queria seguir, deixei um pouco a dança de lado e dediquei mais horas à prática de mágica, pois almejava ser o ilusionista mais habilidoso e reconhecido do país. Essa foi a minha segunda meta.

Cada objetivo exigiu de mim dedicação e foco, e meu esforço abriu portas que, mais tarde, me levaram à fama.

Por isso, não importa como esteja a sua realidade no momento: tenha objetivos, ainda que eles pareçam difíceis de serem realizados num futuro próximo. Eu mesmo estava passando por um período financeiro muito difícil quando tracei novos planos, mas sabe o que eu tinha de sobra? A convicção inabalável de que daria certo — o que chamamos de fé.

Atualmente, com um pouco mais de experiência e maturidade na bagagem, percebo como é importante estabelecer objetivos intencionalmente, sem esperar que as circunstâncias me obriguem a definir novas metas. É fundamental parar e pensar de tempos em tempos, e quanto mais claro e específico você for ao refletir sobre suas metas, mais fácil ficará para o seu cérebro te ajudar a chegar lá. É como ter um GPS mental: você precisa saber para onde quer ir para não ficar dando voltas no quarteirão.

Quero te ensinar a técnica SMART, uma ferramenta muito interessante e útil que vai auxiliar você na definição do seu objetivo. Essa sigla se refere ao que suas metas devem ser: Específicas (*S*pecific, claras e precisas), Mensuráveis (*M*easurable, possíveis de medir o progresso), Atingíveis (*A*chievable, realistas e alcançáveis), Relevantes (*R*elevant, importantes e significativas) e Temporais (*Ti*me-bound, ter um prazo definido).

Na prática, essa técnica afirma que, em vez de apenas sonhar, você deve criar um objetivo bem claro e correr atrás dele para realizá-lo. Por exemplo, não adianta só dizer algo tão vago quanto "Quero ir para a Disney". Para virar uma meta SMART, você deve detalhar: "Quero ir para a Disney de Orlando, na Flórida, com minha família, em 23 de setembro de 2025, e ficar lá por quinze dias". Isso, sim, é específico e temporal, isto é, tem uma data específica para acontecer.

Depois, para ser mensurável, você calcula os gastos que terá com passagens, hotel, alimentação, ingressos e outras despesas. Digamos que o total seja 50 mil reais, um valor considerável. Aí, a meta tem que ser atingível. Você precisa de um plano realista para juntar esse valor até a viagem. Por fim, a viagem precisa ser relevante, algo importante e que faça sentido para você.

Podemos aplicar a mesma ideia à compra de um carro. Em vez de só falar "Quero um carro", especifique: "Quero uma Porsche modelo X, ano Y, cor Z, com bancos de couro, até a data W". Assim fica mais fácil de se planejar para fazer acontecer!

Mas lembre-se: caso defina que quer tudo para a semana que vem, você deve verificar se é atingível. Se não tem dinheiro na conta atualmente, e a Porsche custa 700 mil reais, é improvável que consiga comprá-la na semana seguinte, concorda? Portanto, não faz sentido planejar comprar uma Porsche em uma semana se não vai caber no seu orçamento.

Então, é essencial que as suas metas SMART sejam realistas e que você elabore uma estratégia para alcançá-las. Isso transforma sonhos em projetos práticos e viáveis, em vez de fantasias distantes da realidade.

Alcançar metas muitas vezes depende do seu ponto de partida. Para quem já possui recursos e dinheiro sobrando na conta bancária, adquirir itens de luxo pode ser rápido. Porém, para a maioria das pessoas, é essencial traçar uma meta de longo prazo, com objetivos claros e factíveis.

Por exemplo, o prazo para minha meta financeira atual é dia 25 de outubro de 2028. Embora eu quisesse cumpri-la bem antes disso, sei que não seria realista colocar um prazo menor. Isso é ter um objetivo bem definido.

Quando pisei pela primeira vez no palco do *Programa Silvio Santos*, soube imediatamente que queria estar sob os holofotes, seja atuando, fazendo mágicas ou dançando. Mesmo quando a vida me levou por outros caminhos, como diferentes empregos e a faculdade de direito — uma escolha que fiz também para honrar os meus avós —, nunca perdi o foco no objetivo principal. E, obviamente, não bastou apenas desejar. Para me tornar o melhor mágico possível, eu me dediquei intensamente, participando de eventos e aprimorando minhas habilidades constantemente em todas as oportunidades. **Objetivos não se concretizam sozinhos; é necessário esforço e ação para torná-los realidade.**

Lembre-se, você não precisa caminhar sozinho. Todos os seres humanos estão em busca de realizar seus sonhos e metas, até mesmo quem parece já ter tudo. Juntos, podemos ajudar uns aos outros a torná-los realidade!

DEFINIR OBJETIVOS CLAROS
É COMO ESCOLHER O DESTINO
EM UM MAPA; ELE ORIENTA CADA
PASSO QUE DAMOS E NOS MANTÉM
NA DIREÇÃO CERTA.

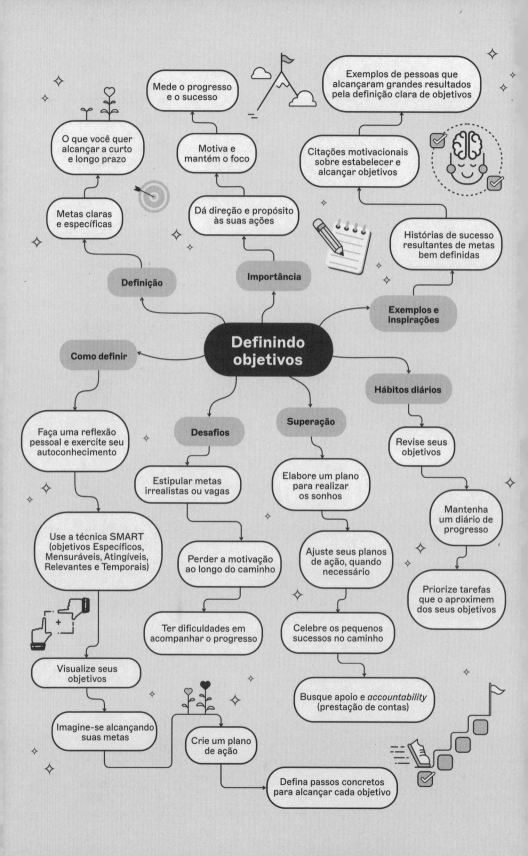

5

A MÁGICA DO CONHECIMENTO

> **Conhecimento:** ato ou efeito de aprender intelectualmente, buscando novas habilidades, reconhecendo a importância do aprendizado ao longo da vida.

Quando falamos de educação, é normal pensar logo em escolas, cursos, faculdades e salas de aula. Mas educação é muito mais do que se preparar para o Exame Nacional do Ensino Médio (Enem), por exemplo. É uma jornada que não tem fim, em que estamos sempre correndo atrás de conhecer mais e aprender novas habilidades, não importa a idade.

Num mundo que muda mais rápido do que status de rede social, estar atento e aprender coisas novas é como ter um superpoder que nos ajuda a seguir em frente. Não se trata de obter um diploma ou certificado para pendurar na parede, mas do conhecimento adquirido; a educação é a chave que usamos para nos virar nesse mundão que não para de rodar. É ela que nos ensina a questionar, a escolher com base em fatos, estudos e pesquisas e, no final das contas, a crescer de verdade.

Com a internet, ficou muito mais fácil correr atrás do saber. Temos acesso a cursos online, podcasts, e-books e diversas opções que colocam o conhecimento na palma da nossa mão. O segredo é nunca parar de ser estudante, sempre estar atento ao que acontece à nossa volta e nunca perder a vontade de querer saber mais e mais. Afinal, **o conhecimento é a única coisa que ninguém pode tirar de você.**

Preste atenção: a verdadeira aprendizagem é muito mais do que apenas memorizar datas históricas ou fórmulas matemáticas; ela ajuda a melhorar muitas habilidades que você tem e a descobrir outras. Isso inclui entender e lidar com suas emoções (inteligência emocional), aprender a cuidar bem do seu dinheiro (gestão financeira), se comunicar bem com as pessoas (habilidades de comunicação) e ser criativo.

Estamos numa era em que o aprendizado não termina na escola. Você tem o poder de aprender qualquer coisa que desperta seu interesse, seja assistindo a vídeos e tutoriais ou, até mesmo, conversando com outras pessoas e mentores. O conhecimento é vasto e acessível, e a paixão pelo que você ama pode ser o seu maior professor.

Não se trata de desconsiderar a escola, mas de entender que a educação está em toda parte e que você pode ser o professor do seu próprio aprendizado. É claro que a educação formal é importante, mas não deixe de lado os assuntos que interessam a você. Então, não fique desanimado se a escola às vezes parecer desinteressante — há todo um mundo de conhecimento esperando por você dentro e fora dela, pronto para ser explorado. Basta querer.

Pense na infância e na adolescência, que são períodos cruciais para o desenvolvimento do cérebro humano. É nessa época que se forma o gosto pela leitura, por isso, se ela é forçada e associada a notas baixas e julgamentos, o que deveria ser um prazer acaba se tornando um peso. Se pensar em quanta coisa você vai descobrir ao ler um livro, tudo muda. Pode aprender sobre arte, psicologia, desenvolvimento pessoal, relacionamentos ou educação financeira. Conhecimento é a chave para a liberdade, para transformar potencial em poder e resultado.

Eu segui minha paixão pela área artística, mas, quando quis melhorar minha gestão financeira, busquei formas de ampliar meu conhecimento nessa área. Cada campo de estudo alimenta nossas múltiplas inteligências, nossa criatividade.

Um estudo do professor Adam Grant, psicólogo organizacional e professor da Wharton School da Universidade da Pensilvânia, mostra algo curioso sobre os vencedores do Prêmio Nobel entre os anos de 1901 e 2005.[3] Ele notou padrões que sugerem que pessoas que se envolvem com música, artes plásticas, literatura ou performance têm muito mais chances de ganhar um Nobel. Por exemplo, quem pratica música tem o dobro de chances; quem pinta ou esculpe, sete vezes mais; escritores têm doze vezes mais chances; e atores, mágicos ou dançarinos têm vinte e duas vezes mais probabilidade de serem premiados.

Esses padrões mostram que a criatividade e as artes podem ser grandes indicativos de sucesso em diversos campos, isso porque essas pessoas tendem a não se contentar em aprender somente o básico e vão atrás de mais conhecimento.

Então, que tal buscar algo que o inspire, que desenvolva não apenas a sua mente, mas também o seu coração e a sua alma? Essa forma de educação pode levar você a lugares incríveis e, quem sabe, até a ganhar um Prêmio Nobel!

Talvez você esteja se perguntando: "Por que é importante desenvolver habilidades e inteligências por meio de atividades como a mágica, a dança ou a atuação?". Vamos lá, eu explico: a mágica é considerada a rainha das artes. Quando você pratica mágica, usa diversas habilidades: precisa ter coordenação motora afiada, pensar de forma lógica e sempre estar um passo à frente do seu público para manter a ilusão. Além disso, a mágica o obriga a ser um bom comunicador e até mesmo ter senso de musicalidade, especialmente se usar música nas apresentações. Agora, pense na atuação: é preciso saber adaptar sua personalidade, expressar uma variedade de emoções e controlar muito bem o seu corpo e a sua voz. Já a dança aprimora a inteligência corporal de um jeito único, desafiando o seu cérebro a trabalhar em harmonia com os movimentos do corpo. Viu quantos benefícios?

3 GRANT, A. M. *How non-conformists move the world*. Nova York: Viking, 2016. Para informações sobre o estudo mencionado, confira: ROOT-BERNSTEIN, R. S.; BERNSTEIN, M.; GARNIER, H. "Correlations between avocations, scientific style, work habits, and professional impact of scientists". *Creative Research Journal*, Londres, v. 8, n. 2, p. 115-137, 1995.

Sei que, para muitas pessoas, as atividades artísticas podem parecer mais atraentes do que estudar biologia, química, geografia e história; mas, se esse for seu caso, saiba que essas disciplinas podem ajudar a solucionar problemas no dia a dia, abrir caminhos e oportunidades. Quer ver? Com o que aprendemos na escola, podemos escolher um destino turístico a partir de belezas geográficas naturais ou porque queremos conhecer uma sociedade diferente da nossa, sobre a qual ouvimos falar na sala de aula; conhecimentos químicos e biológicos ajudam você a se alimentar melhor, não se intoxicar, interagir com animais com responsabilidade e segurança, ter noções básicas de saúde, entendendo sintomas simples de doenças e o modo como o corpo opera; conhecimentos históricos estimulam pensamentos críticos, o que é fundamental para defender as ideias em que acreditamos e para construir interações sociais com mais respeito; ao trabalhar conceitos básicos de finanças, a matemática permite que você calcule o melhor desconto e custo-benefício de um produto.

Agora, se você tivesse um irmão de quinze anos dizendo que quer largar a escola, o que diria a ele? Eu diria: "Aprenda a aprender sem sair da escola". Encontre algo que você ama, descubra como estudar o que mais desperta seu interesse por conta própria, e aproveite o acesso à internet. Com ela, você pode encontrar milhares de informações e tornar o aprendizado escolar mais legal. Então, aqui vai um conselho: em vez de só rir de vídeos divertidos ou passar horas no TikTok, vá atrás de informações relevantes que ajudem em seu desenvolvimento. Você vai se tornar invencível! Continue curioso, pergunte, explore e aprenda não só para ir bem em provas, mas para crescer como pessoa. O que você quer ser e o conhecimento de que necessita para realizar seus sonhos estão ao seu alcance. Você não precisa viajar pelo espaço, escavar um túnel em direção ao centro da Terra nem escalar o Himalaia, a maior cadeia montanhosa do mundo. Use todos os recursos que tem ao seu dispor, construa sua própria educação e transforme o aprendizado em uma aventura emocionante.

Você pode até fazer cursos a distância de universidades renomadas sem pagar nada. Existem muitas áreas para explorar, e tanta informação de graça!

Então, pense: qual área faz os seus olhos brilharem? O que lhe interessa? O que o motiva? Procure reunir referências e entender as possibilidades que o mundo oferece. **Conhecimento é poder em potencial.** E é disso que você precisa para entrar em ação e criar a vida dos seus sonhos!

Coloque em prática

- **Cultive a curiosidade.** Pergunte, explore, busque respostas. A curiosidade é a inspiração que acende a chama do aprendizado.

- **Esteja aberto a novas experiências.** Você pode fazer cursos extracurriculares, seja para aprender um novo idioma ou artesanato. Também pode ter um hobby ou praticar um esporte. A exposição a novas experiências amplia nosso repertório.

- **Crie o hábito da leitura.** Livros são janelas para outros mundos, permitindo a você explorar novas ideias e perspectivas.

- **Valorize o feedback.** Aprenda com os erros e acertos, e veja cada crítica que receber como uma oportunidade de crescimento.

CORRER ATRÁS DE CONHECIMENTO É COMO ABRIR UM MONTE DE PORTAS SECRETAS; A CADA NOVA DESCOBERTA, EXPANDIMOS NOSSO MUNDO E NOS PREPARAMOS PARA ENFRENTAR QUALQUER DESAFIO!

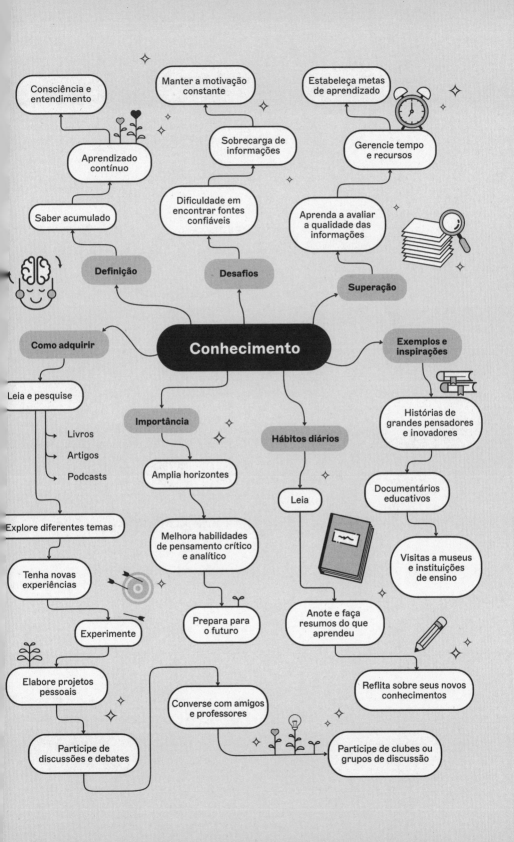

A MÁGICA DOS MENTORES

> **Mentoria:** orientação e aconselhamento de indivíduos mais experientes que facilitam o crescimento pessoal e profissional.

Imagine que você está prestes a embarcar em uma viagem por terras desconhecidas. Sabendo da importância de ter direcionamento e planejamento, talvez tenha estudado bastante sobre essas terras e, inclusive, comprado um mapa. Mas será que isso é o suficiente?

Talvez seja, mas, sem dúvida, contar com alguém que já explorou essa região para ajudá-lo a montar um roteiro pode ser a diferença entre uma viagem tranquila e outra repleta de obstáculos.

Assim é a mentoria: um relacionamento valioso entre uma pessoa que busca crescimento (o mentorado) e alguém mais experiente disposto a compartilhar conhecimentos e a orientar (o mentor).

Algumas vezes, as melhores lições não são tiradas dos livros, mas das experiências. Como o mundo moderno está cheio de desafios e oportunidades, um mentor pode ajudar a evitar armadilhas, a fazer escolhas mais assertivas e a acelerar o seu desenvolvimento pessoal e profissional. Mais do que isso, ele também pode oferecer apoio emocional e ampliar sua perspectiva a partir de experiências e conhecimento que ele acumulou.

Buscar mentores se tornou uma estratégia vital para mim. Iniciei a minha busca por alguém disposto a compartilhar seu conhecimento comigo quando comecei a me interessar por empreender, pois queria assumir de vez as rédeas da minha vida. Empreender, aos meus olhos, é sinônimo de realização. Não se trata somente de abrir empresas, mas de agir, de ser audacioso e corajoso na hora de partir para a luta.

Essa inclinação pelo empreendedorismo foi despertada em mim de maneira quase acidental, quando, voltando de um compromisso profissional enquanto aguardava o horário do embarque, vi o livro *Bilionários: O que eles têm em comum além de nove zeros antes da vírgula?*, de Ricardo Geromel.[4] Na época, com 24 anos, eu estava afundado em quase 200 mil reais em dívidas que herdei dos negócios da minha família, e minha carreira avançava a passos muito lentos. O livro, que à primeira vista não parecia ter algo a ver comigo, acabou chamando minha atenção. No saguão do aeroporto, li avidamente as histórias de bilionários brasileiros e estrangeiros, absorvendo cada uma das oito características comuns que esses empreendedores de sucesso tinham.

Uma estatística apresentada no livro me impactou profundamente: 60% dos bilionários atuais começaram do zero ou quando estavam endividados. Aquela era a faísca de que eu precisava para mudar meu rumo — se eles conseguiram vencer no jogo, eu também conseguiria! Decidi que também queria alcançar aquele sucesso. Não era só uma questão de riqueza, mas de realização e superação. Então, com essa nova perspectiva, mergulhei no mundo do empreendedorismo, buscando aprender com especialistas no assunto todo o conhecimento que eles podiam me passar. Sabe o que eu fiz? Devorei palestras e conteúdos gratuitos no YouTube e decidi ir a eventos em que poderia encontrar esses empresários pessoalmente.

Estava decidido a correr atrás do que queria. Sabia que, se não me mexesse, ninguém faria isso por mim. Era hora de tomar a frente e aprender com quem já tinha tido sucesso no que eu queria fazer, mesmo inseguro e sentindo um frio na barriga.

Num evento em São Paulo, fui inspirado pela história de um dos palestrantes, o Christian Barbosa, um dos maiores especia-

---

[4] GEROMEL, R. *Bilionários: O que eles têm em comum além de nove zeros antes da vírgula?* São Paulo: Geração Editorial, 2018.

listas do mundo em produtividade, escritor do livro *A tríade do tempo*,[5] que conta sua trajetória desde que começou a trabalhar na Microsoft, aos dezesseis anos.

Depois de assistir à sua palestra, tomei coragem e fui falar com ele, porque tinha certeza de que suas dicas seriam muito valiosas para me tornar mais produtivo. Disse: "Oi, sou o Pyong Lee, gostei muito do seu conteúdo e quero saber mais sobre ser produtivo". No começo, Christian estava reservado, porque havia muitas pessoas querendo falar com ele, mas então sua esposa, que estava ao lado, falou que o filho deles me acompanhava no YouTube. E aí, sim, a conversa engatou!

O próprio Christian me enviou uma mensagem dias depois: "Oi, sou Christian Barbosa. Que tal um almoço para conversarmos melhor?". Esse encontro se transformou em uma oportunidade de ouro. Compartilhei minha história, minha missão e meu trabalho com hipnose. Ele se mostrou tão receptivo que passamos seis horas conversando, durante as quais ele compartilhou comigo muito de seu conhecimento sobre produtividade, startups, negócios e sua experiência nos Estados Unidos. Absorvi em algumas horas o que levaria anos para aprender em uma universidade! É isso que faz um bom mentor! E o mais incrível de tudo é que ele não me cobrou nada por isso.

A relevância da minha audiência no YouTube também me abriu outras portas. Fui convidado a ingressar num grupo de empresários e a palestrar em eventos, onde conheci Patricia Meirelles. Tocada pela minha história, Patricia me apresentou a Robinson Shiba, fundador da rede China In Box. Num almoço marcado, ele me dedicou quatro horas de conversa profunda e repleta de orientação, mais do que eu poderia esperar.

Muita gente imagina que esses gigantes são inacessíveis, mas Shiba foi o contrário. Sua generosidade e disposição em orientar a próxima geração de empreendedores eram claras; em quatro horas,

---

[5] BARBOSA, C. *A tríade do tempo*. São Paulo: Buzz Editora, 2018.

ele me ensinou tudo que sabia sobre franquias. Nesse dia, também aprendi que as pessoas bem-sucedidas são as mais dispostas a compartilhar sua sabedoria e experiência.

Saiba que os melhores mentores são as pessoas capazes de descomplicar o caminho ao oferecer atalhos que poupam anos de esforço. Ao compartilhar os erros que cometeram e as lições que aprenderam ao longo de sua trajetória, eles evitam que seus mentorados cometam erros desnecessários. Foi com essa convicção em mente que me juntei a um grupo seleto de empresários e tive o privilégio de conhecer João Pedro Resende, fundador da plataforma Hotmart, que até participou de um de meus cursos de hipnose. Formei com ele uma parceria, realizei meus primeiros lançamentos de produtos e minha rede de contatos cresceu exponencialmente.

Ao me conectar com pessoas de alto nível, abri as portas para um mundo novo. Entrei em círculos influentes, conheci diversos líderes e executivos, e até o presidente da Google Brasil se tornou um dos alunos do meu curso!

Sei que nem sempre é fácil encontrar mentores do nível que eu citei como exemplo. Eu tive que gerar muito valor e ter algo a oferecer para que pudesse me conectar com eles e estar nos mesmos lugares em que outras pessoas incríveis se encontram.

Mas um bom mentor não é necessariamente ultra bem-sucedido ou muito rico. Podemos encontrá-los perto de nós, dentro da nossa casa ou no nosso bairro. Mesmo que você ainda não conheça esse mentor, pare para refletir sobre pessoas que dominam um assunto num nível acima do seu. Pode ser um professor, um tio, seus pais ou até o dono de um negócio do seu bairro. Como ele começou? Como se tornou um empreendedor? Se sua vontade é se tornar um médico, que tal procurar um profissional experiente para fazer perguntas? Eu sempre estou atento para aprender com quem estiver ao meu redor. Podemos aprender com todos os tipos de pessoas. Para isso, precisamos estar atentos e escutar mais. **Neste mundo, todos têm algo a aprender ou a ensinar.** Basta

partir em busca de quem está disposto a dividir conhecimento —
felizmente, eles são muitos; você só tem a ganhar.

Outra forma de se encontrar mentores é na internet. Atualmente, muitos empresários e especialistas que eu respeito e admiro postam nas redes sociais conteúdo e palestras sobre carreira, saúde mental, inteligência emocional, empreendedorismo e todo tipo de assunto. Se você acompanhá-los de perto, poderá conquistar um aprendizado digno de mentoria.

TER UM MENTOR
É COMO TER UM GUIA TURÍSTICO
NA VIAGEM DA VIDA: ELES
MOSTRAM OS ATALHOS, AJUDAM
A NÃO TROPEÇAR E AINDA DÃO
SUPORTE PARA VOCÊ APROVEITAR
CADA TRECHO DA JORNADA!

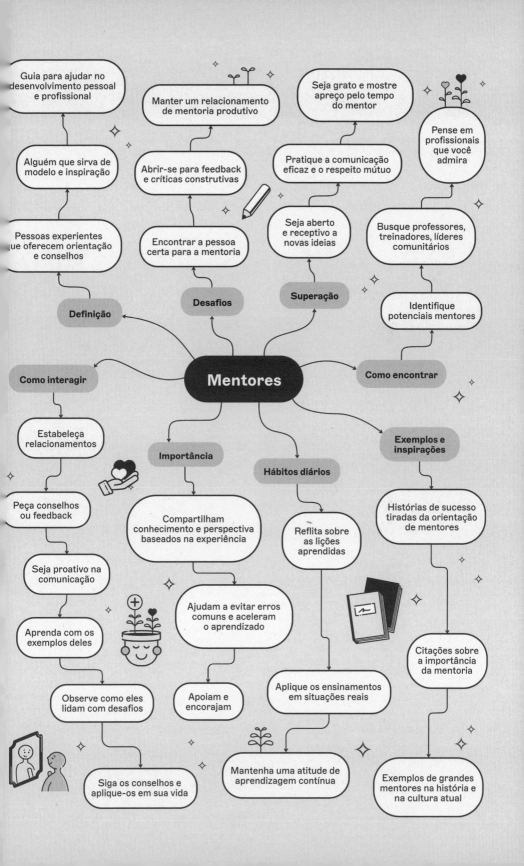

A MÁGICA
DA AUTENTICIDADE

Autenticidade: ser verdadeiro consigo
e com os outros, mantendo a integridade
e a sinceridade em todas as ações.

Muitos acreditam que estão sendo autênticos, mas na realidade usam, consciente ou inconscientemente, diferentes máscaras para agradar aos outros. Por isso, propor que alguém seja verdadeiramente original costuma confundir e, até mesmo, desestabilizar o bem-estar mental do interlocutor, fazendo-o se deparar com uma crise de identidade, isto é, não reconhecer quem realmente é. Sabe por quê? Porque ele tem vivido uma vida que não é a sua, mas uma viagem que foi moldada pelas expectativas e pelos padrões de outras pessoas — seja dos pais, de amigos ou da sociedade —, pressionado a manter uma imagem que agrade quem está próximo. Tudo isso é muito triste.

Para mim, a autenticidade é um pilar importante para uma vida espiritual e mentalmente saudável, e também para alcançar o sucesso. Uma pessoa só alcança a verdadeira felicidade, paz de espírito e equilíbrio quando reconhece o que é essencial para ela e vive de acordo com seus próprios valores, não aqueles distorcidos ou impostos pela sociedade, que muitas vezes incita a viver por meio de comparações superficiais alimentadas pelas redes sociais ou por pessoas próximas.

Imagino que você, assim como eu, deseje ser admirado e reconhecido por seu talento e capacidade. Busquei ser único em tudo que fiz — seja na mágica, na criação de conteúdo ou na hipnose —, sempre com a ideia de não ser apenas mais um, mas o melhor naquilo a que me dedicava. Não se trata apenas de competição; é uma busca incessante por excelência e reconhecimento baseada em paixões verdadeiras.

Quer saber mais uma coisa? Você não precisa fazer algo diferente para ser autêntico, nem buscar uma atividade "do outro mundo" para se destacar. Pode se envolver em atividades comuns; o segredo está em ser excepcional. Já reparou que existem milhares de jogadores de futebol, artistas, escritores e empresários, mas apenas uma pequena parcela consegue se destacar por seu estilo único, criatividade, habilidades e vivências? Para mim, isso acontece porque essas pessoas realmente amam o que fazem. Ser autêntico é justamente isso, ter um alinhamento entre o que faz, o que acredita e o que é significativo para você.

Quando pensamos em autenticidade, frequentemente lembramos de alguém que admiramos e que exibe essa qualidade. Há diversas pessoas inspiradoras e tenho certeza de que muita gente vai surgir na sua mente. Para mim, por exemplo, no mundo das artes, uma referência brilhante de originalidade é Jackie Chan: um artista das artes marciais, ator e empresário, cujo estilo é inconfundível e completamente único, reconhecido por combinar artes marciais e comédia, o que lhe rendeu fama global e uma base de fãs leais. Não existe ninguém que se compare na área em que atua, porque ele é fiel à sua essência. Jackie Chan recebeu diversos prêmios e honrarias ao longo de sua carreira, incluindo um Oscar honorário (2016) por suas contribuições ímpares e influentes para a indústria cinematográfica. Muitos colegas e profissionais do cinema atestam e elogiam a originalidade e a autenticidade de Jackie Chan, sendo frequentemente citado como uma inspiração por outros atores e diretores.

Ser autêntico é uma mistura complexa de busca pessoal e decisão consciente. É se dedicar ao autoconhecimento e compreender o que é realmente valioso. No meu caso, crescer em um ambiente cristão me deu uma base sólida de princípios e valores, além de me ensinar sobre o poder da mente, esperança e crença de que podemos moldar a nossa vida. Essa programação mental me permitiu abraçar uma vida de evolução constante e aperfeiçoar as minhas habilidades, sem me desviar do que realmente acredito.

Ser autêntico é vital porque traz equilíbrio e harmonia. Interpretar um personagem diferente da sua essência é insustentável a longo prazo e acaba gerando conflitos internos que podem sabotar a saúde mental e espiritual. Se considerarmos, por exemplo, a dinâmica de um reality show, minha autenticidade poderia ser vista como um ponto forte, porque, mesmo em um cenário tão estressante e onde muita gente se afasta da essência, sempre fui fiel a mim mesmo, o que me favoreceu.

Você já reparou como num reality muitos participantes ficam perdidos, sem um papel definido? São pessoas que, no dia a dia, têm o papel de mãe, pai, trabalhador ou influenciador. Acontece que, lá dentro, elas não são nada disso, e é aí que a confusão começa. O espectador percebe que os participantes que tentam alterar sua essência acabam se revelando ao longo dos dias, porque manter uma máscara artificial por muito tempo é mentalmente muito difícil. As máscaras vão se desfazendo, para o bem ou para o mal, e o verdadeiro "eu" se manifesta.

Viver de maneira autêntica permite que você crie conexões mais profundas, verdadeiras e significativas com as pessoas de quem você gosta, e isso não tem preço. Quando somos genuínos, os outros percebem nossa sinceridade e tendem a confiar mais em nós. Além disso, ser autêntico nos dá a liberdade de viver de acordo com nossos valores, sem a pressão constante de querer se enquadrar em padrões impostos por um grupo.

NO MUNDO ATUAL, ONDE TUDO PODE PARECER TER UM FILTRO DO INSTAGRAM, SER VOCÊ MESMO É O MELHOR PRESENTE QUE PODE DAR A SI E ÀS PESSOAS AO SEU REDOR.

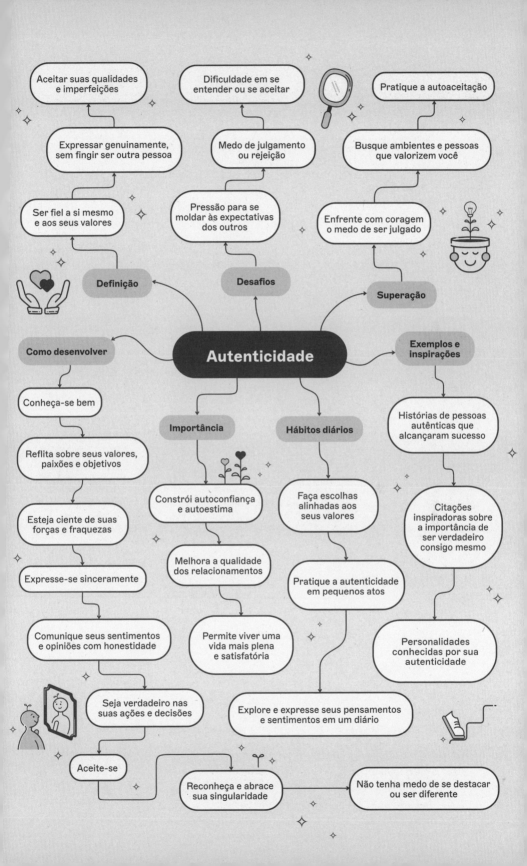

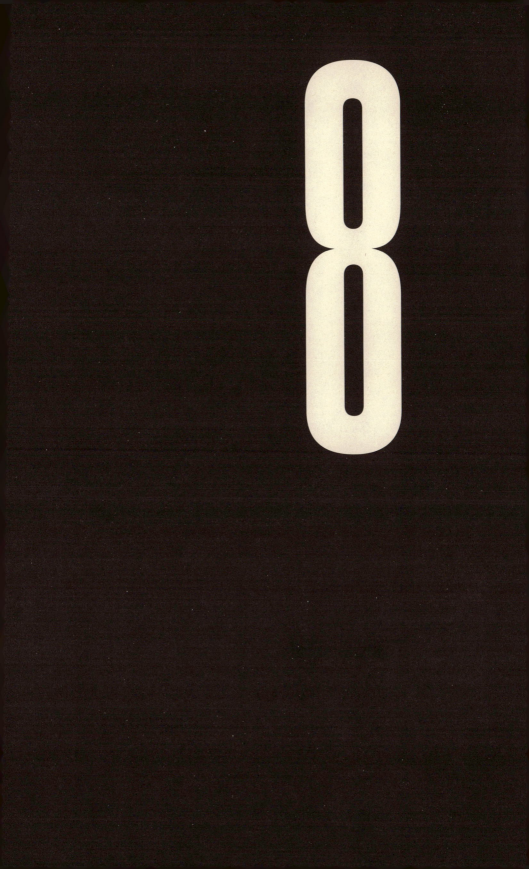

A MÁGICA DA PERSISTÊNCIA E DA PERSEVERANÇA

Persistência: determinação constante para alcançar objetivos, independentemente dos obstáculos ou falhas.

Perseverança: capacidade de manter o esforço consistente, mesmo em situações desafiadoras.

Você já se inspirou em pessoas que superaram grandes desafios? Histórias de pessoas perseverantes, que nunca desistiram diante das dificuldades, sempre me motivaram. Às vezes, é justamente a combinação de dor e esperança que acende em nós o desejo de crescer. Tive o privilégio de ter cruzado o caminho de figuras renomadas do empreendedorismo e do mundo artístico que superaram condições adversas, alcançaram o sucesso e serviram de modelo e inspiração para mim.

Talvez você sinta de vez em quando uma mistura de emoções que variam entre o desânimo e a esperança. Assim como eu, pode não aceitar um destino que parece já determinado e, ao contrário disso, buscar algo mais. Eu fiz isso. Busquei conhecimento, fortaleci parcerias e, claro, enfrentei obstáculos como se fossem oportunidades de aprendizado. De certa forma, cada desafio é uma chance de aprender algo único.

Quando eu era mais novo, gostava de assistir ao anime japonês *Golden Boy*.[6] Conhece? É um anime baseado no mangá de mesmo

---

6 *Golden Boy*. Criação: Tatsuya Egawa. Direção: Hiroyuki Kitakubo. Tóquio: APPP, 1995-
-1996. Minissérie (seis episódios).

nome, criado por Tatsuya Egawa. A história segue as aventuras de Kintaro Oe, um jovem que abandonou a Universidade de Tóquio pouco antes de se formar, apesar de ter completado todos os créditos necessários para receber o diploma. Ele decide viajar pelo Japão em sua bicicleta, buscando conhecer mais sobre a vida, o mundo e a natureza humana. Kintaro é extremamente inteligente e capaz de aprender qualquer coisa rapidamente, mas prefere se manter humilde e anota tudo que aprende em um diário. Seu lema, repetido o tempo todo, é: "Vivendo e aprendendo".

Durante suas viagens, Kintaro tem vários empregos temporários e se mete em situações diversas. Apesar de parecer desajeitado, ele tem um coração de ouro e frequentemente ajuda as pessoas que encontra, muitas vezes de maneiras inesperadas e criativas. Esse anime sempre me lembra de uma afirmação: viver é aprender!

Claro que sempre podemos encontrar pessoas mal-intencionadas no caminho. Posso dizer que já sofri golpes e prejuízos que testaram a minha resiliência, mas, como minha família já havia enfrentado adversidades, sabia que poderia superar essas situações. Em vez de me manter preso aos problemas, procuro focar as soluções e oportunidades. Quando ficava desanimado com os iminentes prejuízos sofridos por meus avós ou a vida árdua de trabalho e o futuro incerto dos meus irmãos, imediatamente eu procurava vislumbrar um cenário no qual poderia viver do que amo e melhorar a nossa situação dentro de casa. Com isso, quero dizer que usei da perseverança para continuar a seguir em frente, e também da persistência, ao criar o meu canal no YouTube e produzir vídeos, partindo de nenhuma audiência até alcançar milhões de seguidores.

Quero que você perceba a vida como uma aventura empolgante, repleta de desafios, sem se referir a eles como problemas, pois essa nomenclatura pode gerar estresse mental. Lembre-se sempre de que a forma como dialoga com sua mente é crucial; como pontuei no Capítulo 2, a linguagem que utilizamos internamente tem um impacto significativo na nossa percepção e capacidade de enfrentar as situações que surgem.

Quero deixar aqui alguns exemplos de pessoas que considero perseverantes. Thomas Edison, o inventor da lâmpada elétrica, lá no século XIX, não descobriu como fazer uma lâmpada logo de cara. Foram mais de mil tentativas até acertar! Ele tinha uma meta clara: iluminar o mundo. Seu objetivo o manteve firme, apesar dos contratempos. Já pensou se ele tivesse desistido? Talvez você e eu estivéssemos à luz de velas até hoje! Se pesquisar sobre a vida dele, vai descobrir todas as dificuldades pelas quais passou, tanto na infância como na juventude, e mais tarde, quando se tornou inventor.

Stephen King, um dos autores mais vendidos do mundo, também recebeu diversas críticas sobre seus textos literários. Em vez de desistir, continuou a escrever, aprimorando sua obra, e atualmente é reconhecido como um dos grandes mestres da literatura de horror. Quer mais um exemplo? Michael Jordan, muitas vezes considerado o maior jogador de basquete de todos os tempos, foi cortado da equipe de basquete no segundo ano do ensino médio, mas usou essa rejeição como motivação para treinar ainda mais, praticando o esporte incansavelmente. O resultado? Ele não apenas voltou a fazer parte do time no ano seguinte, como também se tornou um dos maiores atletas da história.

Quando encontramos desafios, é preciso lembrar do motivo pelo qual começamos uma jornada. Essa lembrança serve como combustível que nos impulsiona nas horas mais difíceis, fornecendo a força necessária para seguir em frente. Por exemplo, se você está tentando aprender a tocar um instrumento musical, lembrar-se do amor pela música pode motivá-lo a continuar praticando, mesmo quando parece difícil.

Além disso, é fundamental celebrar todo pequeno progresso. Mesmo que a linha de chegada pareça distante, **cada passo dado em direção aos seus objetivos merece ser reconhecido e comemorado**, pois representa uma vitória. Se você está tentando melhorar sua forma física, comemore cada quilômetro que consegue correr, cada aumento de peso que consegue levantar ou cada centímetro que perde na cintura. Essas pequenas celebrações o mantêm motivado e consciente de que está progredindo. Lembre-se de que uma meta SMART tem de ser mensurável, pois é ao comemorar seu progresso que você se sente mais próximo de seu objetivo.

Ao enfrentar adversidades, não se deixe abater; aprenda com os erros e transforme-os em oportunidades de crescimento. Se falhar em um projeto, analise o que deu errado e pense no que pode mudar na próxima vez. Talvez precise ajustar seu plano, adquirir uma nova habilidade ou pedir ajuda. Essa abordagem proativa e reflexiva permite que você se fortaleça a cada experiência.

Busque fontes de motivação e apoio. Cerque-se de pessoas que o incentivem, como amigos e familiares que acreditam em você e em seus objetivos. Participe de grupos ou comunidades que compartilhem seus interesses e desafios, seja em redes sociais ou em encontros locais. Ler livros inspiradores, assistir a palestras motivacionais online ou, até mesmo, colocar frases motivacionais no seu ambiente de trabalho pode ser muito útil. Criar um mural com imagens e palavras que representem seus objetivos também pode servir como lembrete constante do que você quer alcançar.

Você é capaz de enfrentar qualquer desafio que a vida lhe apresentar. Ter um diário para registrar suas metas, progressos e desafios pode ajudar a manter o foco e a perspectiva. Adote uma mentalidade de crescimento para enxergar os desafios como oportunidades de aprendizado e desenvolvimento, fortalecendo sua resiliência e determinação. E sempre se lembre: **pratique a autocompaixão e se dê permissão para descansar e recarregar quando necessário.**

A PERSEVERANÇA
E A PERSISTÊNCIA SÃO AS
CHAVES PARA TRANSFORMAR
SEUS SONHOS EM REALIDADE.
O IMPORTANTE NÃO É AVANÇAR
RAPIDAMENTE, MAS TER
A CAPACIDADE DE CONTINUAR
AVANÇANDO, APESAR
DOS OBSTÁCULOS.

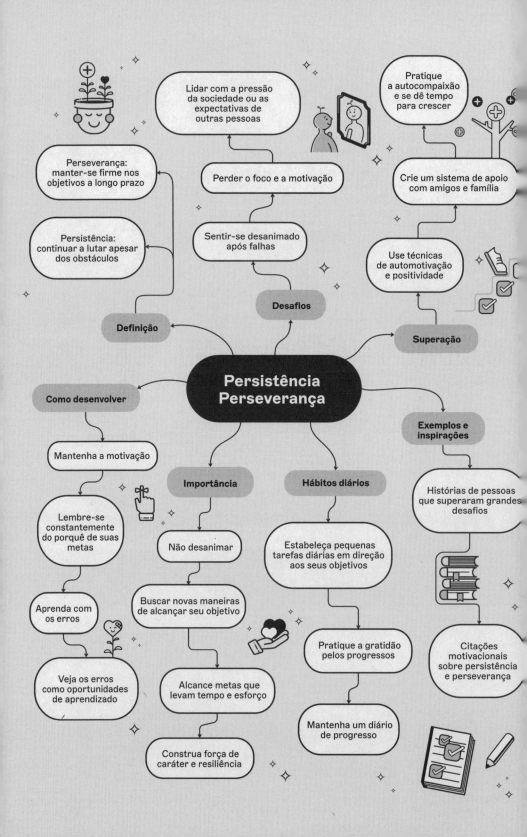

A MÁGICA DA AUTODISCIPLINA

Autodisciplina: capacidade de controlar impulsos, emoções e comportamentos para atingir metas.

Por trás de toda realização existe um ingrediente silencioso, mas que considero muito poderoso: a autodisciplina.

Sei muito bem que a nossa rotina é repleta de tentações e distrações. Seja o desejo de adiar uma tarefa, a tentação de sentir um prazer imediato ou a hesitação diante de um desafio; todos nós enfrentamos batalhas internas constantemente. A autodisciplina é a arma que permite enfrentar e superar esses obstáculos, ajudando a manter o foco no que realmente importa.

A autodisciplina é uma manifestação da nossa capacidade de dominar impulsos, emoções e comportamentos, sempre com o foco em metas.

Essa segunda parte é essencial, pois é a partir dela que sabemos quando podemos ou não nos permitir alguma coisa. Ao contrário do que muitos pensam, a autodisciplina não é uma forma de sofrimento. Eu a considero um poder, uma porta para a verdadeira liberdade. Com ela, temos uma ferramenta potente para realizar sonhos, moldar nosso destino e viver a vida de acordo com nossos próprios termos, porque ficamos no controle. Ao dominar a arte da autodisciplina, criamos um escudo contra tudo o que atrasa a construção de um futuro de sucesso, realização e significado.

Vou explicar isso na prática. Imagine que você deseja se tornar um atleta profissional, mas não consegue seguir a rotina de treinamentos porque não tem horário fixo para dormir nem se alimentar. Isso é resultado de falta de autodisciplina, porque você não consegue seguir um programa, não controla sua rotina; é ela quem domina você. Agora, se você vai para a cama e acorda no horário que programou o despertador para tocar, já tem seu lanche pronto na geladeira e sabe com antecedência a roupa que vai usar, está criando uma rotina de disciplina para si mesmo. Depois de alguns meses seguindo esse roteiro, será possível dizer que você venceu o desafio da preguiça e da procrastinação: está cumprindo um compromisso firmado consigo mesmo e virou o protagonista da sua história.

Muitas vezes, somos movidos por dois tipos de programação mental: a busca pelo prazer ou a fuga da dor. Inicialmente proposta por Sigmund Freud, essa afirmação também é respaldada por dados científicos que explicam como nosso cérebro processa esses estímulos. Isso se aplica a diversas situações cotidianas, desde comportamentos simples, como escovar os dentes para evitar cáries (dor) ou para manter um sorriso bonito (prazer), até decisões mais complexas, como procurar um emprego para evitar dificuldades financeiras (dor) ou para crescer profissionalmente (prazer).[7]

Na prática, você pode buscar um emprego para crescer profissionalmente e alcançar seus objetivos ou para pagar as contas, mas também pode fazer os trabalhos da escola e as lições de casa para aprender mais ou porque sabe que, se não entregar a tarefa, vai tirar notas ruins e ficar de recuperação.

Existe também o vício pelo prazer imediato. É muito mais fácil sentar e assistir a um filme ou série do que estudar para uma prova, mas, se seguir por esse caminho, provavelmente irá tirar uma nota baixa, que vai te obrigar a estudar mais na recuperação.

---

[7] FREUD, S. *Além do princípio de prazer*. Porto Alegre: L&PM, 2016. O princípio de que os seres humanos são movidos para fugir da dor ou ter prazer é corroborado por estudos que mostram a importância dos circuitos de dopamina no cérebro, responsáveis por regular a motivação por meio da busca de prazer e a evitação da dor. Cf. BERGLAND, C. "Neuroscience of seeking pleasure and avoiding pain". *Psychology Today*, 1 jan. 2020. Disponível em: https://www.psychologytoday.com/intl/blog/the-athletes-way/202001/the-neuroscience-seeking-pleasure-and-avoiding-pain. Acesso em: 31 maio 2024.

Quando temos um objetivo de longo prazo, que demora para ser atingido, a chance de nos deixarmos distrair pelo prazer imediato é alta, principalmente quando não nos sentimos motivados pelos resultados que estamos tendo. É o caso de estudar — talvez demore anos para que você perceba a utilidade de um conhecimento.

Mas, em vez de permitir que a dor do arrependimento se acumule e o atinja com força mais tarde, é mais inteligente distribuir essa "dor" na forma de disciplina, porque, acredite, em algum momento o esforço de meses, ou anos, se pagará.

Com isso, quero dizer que, se você se entregar somente ao que o satisfaz agora, é provável que as consequências futuras sejam desfavoráveis. Portanto, encare os desafios e o desconforto da disciplina em vez de enfrentar o peso da derrota amanhã. Acordar cedo, por exemplo, pode não ser algo de que você gosta, mas, se acordar tarde todos os dias, provavelmente vai perder horas valiosas e comprometer sua produtividade.

Não à toa, é fundamental entender e aceitar que os resultados da autodisciplina não surgem instantaneamente. Alcançar objetivos e realizar sonhos exige consistência e trabalho progressivo (lembra da persistência e da perseverança?). Assim como uma casa não se ergue em um único passo, e sim tijolo por tijolo, a autodisciplina também é um projeto em construção. **A cultura da gratificação instantânea é prejudicial, porque o impede de perceber que as conquistas mais significativas exigem tempo.** Por exemplo, os resultados dos exercícios físicos não são imediatos e, sem recompensa rápida, muita gente desiste de frequentar uma academia. Aposto que você conhece alguém que paga a academia por um semestre inteiro, mas foi treinar apenas na primeira semana. Porém, aqueles que mantêm a consistência com uma visão de longo prazo, reconhecendo a importância de suas decisões diárias, são capazes de manter a disciplina. Com o tempo, essas pessoas colhem benefícios significativos, como um corpo mais saudável e maior resistência física.

Michael Phelps, nadador recordista olímpico, é um exemplo inspirador. Sua rotina rigorosa de treinamento, somada à capacidade de manter o foco e resistir a distrações, permitiu que ele alcançasse feitos inigualáveis na natação e ganhasse 28 medalhas. A intensa rotina de treinamento de Phelps incluía nadar 80 mil metros por semana e um rigoroso controle de recuperação física por meio de banhos de gelo, alongamentos e sessões de massagem, fatores que contribuíram para suas conquistas olímpicas.[8] Seu comprometimento diário, mesmo diante das adversidades, é um exemplo real do que a autodisciplina pode conquistar.

Acredite: ter consciência sobre a importância da disciplina pode determinar o seu sofrimento ou sucesso futuros. Lembra quando contei que me vi diante de um público quase inexistente nos meus primeiros vídeos para o YouTube? A falta de audiência testava a minha motivação. Eu pensava: "Estou aqui trabalhando e ninguém vê o que faço" — mas eu sabia, no fundo, que a chave para alcançar meus objetivos residia na consistência das postagens. Então, até nos dias em que não tinha vontade, me obrigava a criar conteúdo, pois sabia que esses esforços seriam fundamentais em algum momento. Assim, gravava vídeos toda semana, sem falta.

Desejo que, depois do que falei, você entenda a autodisciplina como uma semente: é necessário regá-la e esperar pacientemente até que ela germine e passe a dar frutos. Muitas pessoas anseiam por resultados imediatos e querem tudo para ontem, o que as leva a preferir caminhos fáceis e mais curtos, mas esses atalhos costumam falhar. As leis naturais do universo não operam sob pressão só porque desejamos que algo aconteça imediatamente.

Meu conselho é: encontre algo que desperte alguma paixão verdadeira. Quando você faz algo que ama, tem energia para enfrentar os desafios, e cada etapa realizada se torna um obstáculo a menos, e mais uma chance de desfrutar do processo. A paixão pelo que se faz não apenas torna o trabalho agradável, mas também mais

---

[8] HAO. "Michael Phelps diet and nutrition routine". *Balance the grind*, 5 mar. 2024. Disponível em: <https://balancethegrind.co/celebrity-diets-workouts/michael-phelps-diet-nutrition-routine>. Acesso em: 31 maio 2024.

eficaz e gratificante. Se quer praticar um esporte, procure algo de que realmente goste. Se precisa aprender um novo idioma, assista a filmes, ouça músicas e busque personagens que o inspirem no aprendizado. Imagine-se, no futuro, conversando com um francês, um japonês ou, quem sabe, em coreano comigo!

É fundamental buscar um propósito, algo que lhe dê uma razão para se levantar todas as manhãs. Essa busca é pessoal e pode levar tempo, mas é uma jornada individual que vale a pena. Quando uma pessoa encontra essa chama interna, ela se torna um recurso inesgotável de motivação e de força para superar qualquer desafio que encontra pelo caminho.

Vamos relembrar tudo o que já aprendemos até aqui e colocar em prática? Estabeleça objetivos claros. O primeiro passo é saber para onde você quer ir, o que quer conquistar. Defina metas específicas e tangíveis que o ajudem a visualizar seu destino e a traçar um plano de ação. Avalie também sua rotina atual e veja se ela está alinhada com o que deseja. Evite distrações que possam desviar seu foco, por exemplo, passar o dia todo jogando videogame se o que você realmente deseja é ganhar uma competição de tênis. Organização e priorização são essenciais para manter o foco no que realmente importa, por isso, desenvolva hábitos sólidos. Eles o ajudarão a se manter no caminho certo, mesmo quando as coisas ficarem difíceis.

AUTODISCIPLINA É A SENHA
QUE ABRE O COFRE PARA
AS SUAS MAIORES CONQUISTAS —
É ELA QUE O MANTÉM NA LINHA
PARA ALCANÇAR TUDO O QUE
VOCÊ SONHA!

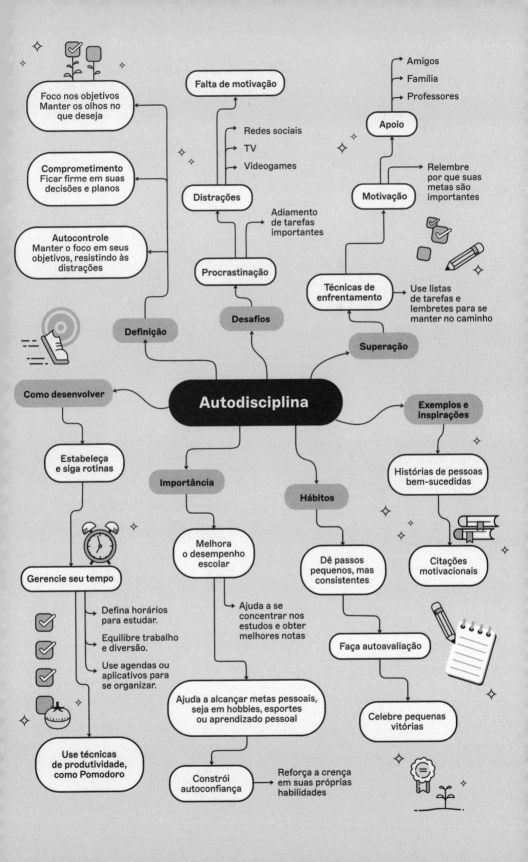

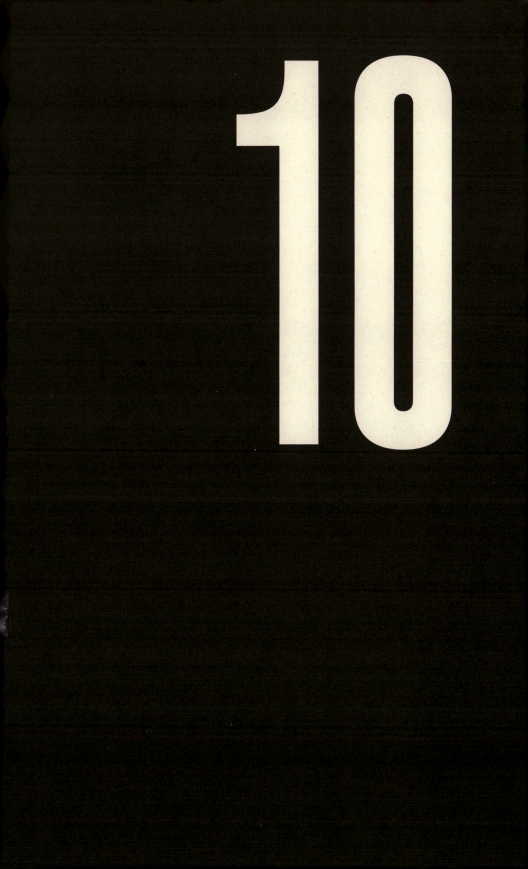

A MÁGICA DO TRABALHO EM EQUIPE

> **Trabalho em equipe:** habilidade de trabalhar de forma eficaz com outras pessoas, valendo-se da força coletiva para atingir um objetivo comum.

Ninguém é uma ilha. Nenhum de nós sabe tudo ou é perfeito em todas as áreas. Não podemos fazer tudo sozinhos nem encenar todos os papéis exigidos para nossa subsistência. Costumo dizer que a sociedade é um mosaico de habilidades e profissões, e cada um de nós tem as mesmas 24 horas no dia para fazer o nosso melhor naquilo que escolhemos.

Quando unimos forças, nossa capacidade de realização se multiplica — desde as coisas mais simples às mais complexas, como fazer um trabalho para o colégio ou levar o ser humano à lua. Podemos alcançar patamares que nem imaginávamos graças à ajuda e à colaboração de outras pessoas com habilidades diferentes das nossas.

Essa é a mágica do trabalho em equipe.

Engana-se quem pensa que trabalhar em equipe é delegar tarefas, se eximir de responsabilidades ou, ainda, se livrar de atividades maçantes, deixando-as para outra pessoa. Na verdade, trata-se de criar uma atmosfera colaborativa, um espírito de coletividade, em que cada pessoa contribui com suas habilidades em prol do bem comum, resultando em algo maior do que a soma de suas partes e, provavelmente, realizado em menos tempo.

Um exemplo comum é uma seleção de futebol. Embora cada jogador seja talentoso por si só, é a capacidade de jogar juntos, prevendo os movimentos uns dos outros e combinando habilidades, que os torna um grupo poderoso. A magia acontece quando os jogadores se conectam em campo, unindo forças para atingir o objetivo comum de fazer gols e impedir os do adversário, colaborando com o sucesso de todos os membros da equipe, individual e coletivamente.

O ser humano é social por natureza, criado para conviver e colaborar com o próximo. Mesmo que você seja superindependente ou acredite ser mais eficaz fazendo algumas coisas sozinho, alguém que prefere manter sua autonomia sem recorrer a ajuda, é inegável que sociedades, países e até empresas são construídos pela soma de esforços.

Uma família, por exemplo, opera como um time de futebol: cada membro contribui ao seu modo, com o melhor que pode oferecer. Você talvez nunca tenha pensado nisso: quando alguém prepara a refeição para a família, está permitindo que os demais se dediquem a outras tarefas. Por isso, caso seja você quem tenha a comida preparada por outra pessoa, nada mais justo do que você se entregar às suas tarefas com dedicação, assim também estará contribuindo com essa pessoa de alguma forma, seja agora, seja no futuro. Isso é trabalho em equipe! Sem se preocupar com algumas tarefas, sobra mais tempo para você estudar, lavar a louça, passar o aspirador na casa... Desse modo, a pessoa responsável por cozinhar também ganha tempo, podendo se dedicar a outras atividades.

Mesmo quem mora sozinho depende da ajuda de outras pessoas, por exemplo, para realizar um conserto, cuidar do pet ou instalar um equipamento complicado. Achar-se capaz de dar conta de absolutamente tudo sozinho e com excelência não passa de ilusão.

Quando recomecei o meu canal no YouTube, em 2014, precisei da ajuda de um profissional muito competente em edição de vídeo, pois essa era uma habilidade que eu não tinha desenvolvido. Eu queria que os meus vídeos fossem incríveis, mas sozinho não seria capaz de produzir, gravar, editar, treinar mágica e criar conteúdo. Quer dizer, talvez até fosse, mas o resultado não seria tão bom quanto o que tive ao contratar alguém especializado. Além do mais, isso também possibilitou que eu tivesse mais tempo para preparar as apresentações e prospectar novos contratos.

A verdade é que **ninguém consegue ser especialista em todas as áreas do conhecimento,** nem mesmo as pessoas superdotadas, os gênios. É preciso ser humilde para aceitar que não sabe tudo, por mais esperto e inteligente que seja! E é necessário reconhecer que ninguém espera que você dê conta de absolutamente tudo sozinho.

Reforço que as equipes não são apenas agrupamentos de pessoas trabalhando juntas, e sim um conjunto dinâmico em que **interações, comunicação e confiança desempenham papéis essenciais.** Cada membro precisa estar comprometido com o projeto e com seus colegas para haver um verdadeiro "espírito de equipe". Em um empreendimento, por exemplo, o empresário depende de um grupo diverso de colaboradores para prosperar e vender seu produto, desde diretores até funcionários. Para manter seus empregos, todos precisam saber se comunicar com respeito, educação e honestidade, cientes de que trabalham para o sucesso de todos. Por isso, a habilidade de trabalhar bem ao lado de colegas é uma forma de inteligência social e emocional.

Todos os meus projetos têm uma equipe responsável por cada função: criação, edição, conteúdo, marketing, branding, comercial etc.

Se tivesse que apontar uma habilidade essencial que me impulsionou em direção ao sucesso, eu diria: a capacidade de entender e me conectar com as pessoas. Desde a infância, a habilidade social se mostrou crucial na minha vida e, ousaria dizer, é a maior competência que possuo até hoje. Eu realmente gosto de gente! Aprender a me comunicar efetivamente e entender como os outros se sentem diante das situações foram ferramentas fundamentais para que eu prosperasse na carreira artística.

É essencial saber se colocar no lugar do outro. Ter empatia é parte da inteligência emocional necessária para criar um ambiente colaborativo. Para isso, basta usar o seu coração. Mesmo quem tem um temperamento forte pode aprender a se controlar e a contribuir positivamente para um grupo, ciente de que juntos somos mais fortes.

É importante destacar que cerca de 80% do sucesso profissional depende de interações humanas e das conexões que cultivamos ao longo da vida. Um exemplo é o networking (rede de relacionamentos, contatos e parceiros), ingrediente fundamental do sucesso. Criar uma rede de contatos pode fazer a diferença em diversos momentos da vida, seja para conseguir um emprego, indicações de cursos, oportunidades de negócios e até para conhecer alguém para namorar. E, embora não se trate exatamente de um trabalho em equipe, só com a mentalidade de que ninguém é uma ilha é possível criar um networking valioso. Quando somos jovens, temos mais tempo, energia e interesse em nos conectar com as pessoas, porque somos mais abertos às novidades. Mais velhos, ficamos ocupados e cheios de responsabilidades, por isso digo: aproveite a sua juventude para conhecer pessoas diferentes e criar conexões de valor!

Talvez você ainda não saiba como fazer networking, mas a chave está na intencionalidade, ou seja, agir com intenção e estrategicamente. Primeiro, tenha clareza de com quem deseja estabelecer contato e de quais esferas deseja fazer parte. As pessoas, muitas vezes, se limitam aos círculos que já conhecem por ser mais confortável, mas você pode expandir a sua rede se buscar ativamente a companhia daqueles que possuem conhecimentos e ambições similares às suas, ou habilidades que deseja ter. Foi isso que eu fiz: busquei estar nos ambientes frequentados por aqueles com quem eu queria aprender e criar parcerias. Quando decidi aprender a dançar break, por exemplo, fui onde poderia encontrar dançarinos que já sabiam os movimentos e podiam servir de modelos para eu criar meus próprios passos de dança. Pesquisei eventos, comecei a participar dos grupos e, quando menos percebi, já fazia parte da turma.

Da mesma forma, quando me interessei pela mágica, fiz questão de participar de encontros e eventos da área para aprender e fortalecer laços com especialistas renomados. Mais tarde, quando quis empreender e criar o meu próprio negócio, frequentei eventos e palestras em que pudesse encontrar e dialogar com empresários experientes e dispostos a compartilhar seus conhecimentos com iniciantes. Nesses lugares, como já disse, fiz amizades preciosas.

Mas não basta somente comparecer a palestras, eventos e festas para conhecer as pessoas que podem ajudar a moldar o seu futuro. Para interagir com gente de alto nível e ser notado, é necessário oferecer em troca algo que atraia e seja interessante para quem você procura. Veja, não é preciso ser rico, chegar com um carrão ou ter habilidades excepcionais; muitas vezes, uma personalidade cativante e a habilidade de conduzir uma conversa interessante e animada, fazendo boas perguntas, é a porta de entrada. Claro, pode ser um diferencial se você tiver algo único para oferecer, como uma habilidade específica ou um projeto atraente. No meu caso, a exposição que obtive por intermédio da mágica me auxiliou a abrir portas. Portanto, o foco deve estar em gerar valor de alguma forma. Pare e pense: como você pode ser uma presença enriquecedora na vida de alguém? Como pode colaborar e ajudar, seja fazendo um favor ou prestando um serviço, como uma mentoria? Seja intencional ao buscar suas conexões. Pare, reflita e aja!

Ainda sobre trabalho em equipe, tenho algo importante a dizer: caso frequente um ambiente tóxico, cercado por pessimismo e negatividade, afaste-se o mais rápido possível, pois isso arrasta você para baixo. Dificilmente você conseguirá mudar um grupo dominado por uma mentalidade negativa e vitimista, então não gaste sua energia. Assim como uma fruta sadia não sobrevive no meio de outras apodrecidas, você também não conseguirá prosperar em um ambiente que não nutre crescimento e otimismo. Isso também vale para networking: se estiver em uma turma que só pensa em diversão, sem responsabilidade, que não busca desenvolvimento pessoal ou profissional, você inevitavelmente será influenciado por essa atmosfera poluída e, mais tarde, se arrependerá pelo tempo perdido.

Fuja daqueles que espalham crenças limitantes, como "dinheiro não traz felicidade", "os ricos são maus", ou "para ter sucesso é preciso passar por cima dos outros". Ao permanecer nesses círculos, dificilmente você será próspero e bem-sucedido; o mais provável é que encontre mágoa e rancor. Pessoas que têm visões limitadas sobre o potencial de sucesso dos outros tendem a desencorajar, mesmo inconscientemente, quem quer se desenvolver. Portanto, mantenha um bom espírito de equipe, seja um colaborador confiável nos grupos dos quais escolher participar e distancie-se de ambientes que não compartilham de seus valores e aspirações.

Para uma boa dinâmica de equipe, é preciso se comunicar claramente, de forma não violenta, e manter as linhas de comunicação abertas. Certifique-se de que todos estão na mesma página. Para ser eficaz, é importante que o trabalho em equipe tenha respeito mútuo, valorizando as contribuições de cada membro ao reconhecer suas habilidades e esforços. Sobretudo, esteja sempre aberto a feedbacks e disposto a se adaptar conforme necessário para o benefício de todos. Gosto de reforçar que ser flexível é essencial para lidar com os desafios e aproveitar as novas oportunidades.

QUANDO ABRAÇAR VERDADEIRAMENTE O TRABALHO EM EQUIPE, VOCÊ VAI DESCOBRIR ALGO MÁGICO: SEUS OBJETIVOS E ASPIRAÇÕES NÃO SÃO APENAS SEUS, MAS DE TODO O GRUPO. JUNTOS, VOCÊS PODEM TRANSFORMAR SONHOS EM REALIDADE!

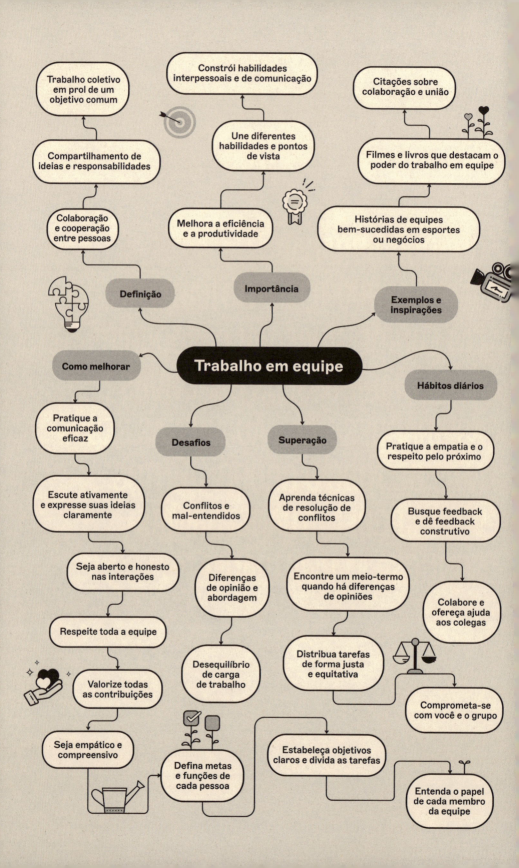

A MÁGICA DE MANTER HÁBITOS SAUDÁVEIS

Hábitos saudáveis: ações e comportamentos que promovem bem-estar físico e mental.

Hábitos saudáveis não se resumem apenas a adotar uma dieta equilibrada ou praticar exercícios regularmente, embora isso seja muito importante. Trata-se de uma abordagem completa que engloba o bem-estar físico, mental e emocional. É ter consciência de que cada escolha que você faz diariamente ao cuidar do seu organismo molda a sua qualidade de vida hoje e no futuro.

Quando comecei a me debruçar mais sobre o estudo da saúde mental, passei a entender que a mente é um quartel-general, capaz de controlar todo o resto. Desde a infância, desde que nascemos, a mente comanda nossas ações, toma decisões importantes a todo momento. Se ela não está no controle, nada flui direito — escolhas, execuções, equilíbrio emocional... Tudo desanda!

Claro que é importante cuidar do corpo, para que ele esteja saudável e execute com facilidade nossas tarefas. O conceito "tripé da saúde" — sono, alimentação e atividade física — refere-se à importância desses três pilares para manter a máquina humana funcionando de forma eficaz e eficiente. O sono, por exemplo, não serve somente para descansar a mente: ele é essencial em processos biológicos de recuperação dos músculos e órgãos, regeneração celular e muito mais. Em um período da minha vida, fui obrigado a dormir de três a quatro horas por noite, mas o ideal é que se durma de sete a nove horas todas as noites. Priorize seu horário de sono em vez de gastar essas horas valiosas em atividades desnecessárias ou inúteis.

Agora, falando de alimentação... Se você acompanha as minhas redes sociais, sabe bem como eu adoro comer e, sempre que posso, mostro o que coloco no meu prato, inclusive durante viagens internacionais. Se você só se alimenta de produtos ultraprocessados, saiba que não está nutrindo seu corpo. Na verdade, é como se enchesse o tanque de um carro com combustível errado ou adulterado: depois de alguns quilômetros, o motor começará a falhar e pode até morrer no meio do caminho. Comer bem, com equilíbrio e consciência, tem um impacto gigante na sua saúde mental e física!

Os exercícios físicos também são essenciais. Além de melhorar e fortalecer o funcionamento do corpo, pesquisas científicas mostram que eles estão diretamente relacionados à manutenção da saúde mental. **O ideal é cultivar hábitos saudáveis desde cedo, porque, quanto mais você se acostuma com eles na juventude, mais natural será mantê-los na fase adulta,** como parte da sua rotina. E vou ser sincero: mudar hábitos quando ficamos mais velhos pode ser um desafio bem maior do que se imagina!

Se hoje consigo dançar e fazer os movimentos de breakdance, como ficar de ponta-cabeça e me apoiar em um braço só, é porque criei uma musculatura forte o suficiente e inteligência motora ainda na juventude.

Além disso, os exercícios físicos equilibram os processos químicos do corpo e mantêm os hormônios da felicidade em dia. Já ouviu falar em dopamina, serotonina, endorfina e ocitocina? Esses quatro hormônios são responsáveis, cada qual à sua maneira, pela nossa sensação de bem-estar e alegria. Quando a taxa de algum deles está baixa, podemos sentir tristeza, cansaço, falta de motivação e até falta de vontade de viver. A ciência já comprovou que apenas trinta minutos de atividade física, três vezes por semana, durante dezesseis semanas, proporcionam efeito mais poderoso do que diversos medicamentos.

Então, o que está esperando? Não precisa fazer exercícios na academia nem gastar dinheiro para se exercitar. A musculação é ótima, mas há uma variedade de atividades físicas que você pode explorar.

Dança, esportes coletivos, artes marciais, caminhada... Escolha algo que o motive de verdade. O essencial é manter-se ativo e evitar o sedentarismo, como ficar o dia inteiro sentado na frente do computador ou jogando videogame. Correr, caminhar, andar de skate ou de bike, qualquer atividade que ponha o seu corpo em movimento contribui para a sua saúde mental e redução do estresse.

Manter hábitos saudáveis também está relacionado ao autoconhecimento. Perceber os artifícios que funcionam para você manter uma alimentação saudável e as atividades que proporcionam maior prazer, por exemplo, é uma forma de buscar informação e compreender sua mente. **Conhecer-se bem e aprender a gerenciar suas emoções e sentimentos é fundamental.** Você mesmo pode aprender a gerenciar suas emoções se prestar atenção no que sente quando enfrenta determinadas situações. Que tal manter um diário? Nele, você pode escrever como foi o seu dia, o que o deixou feliz, triste, preocupado ou ansioso. Caso não consiga administrar as emoções sozinho e precise de ajuda, busque alguém de confiança para se abrir e relatar os sentimentos que ainda não conhece bem. Isso faz muita diferença! Pode ser pai, mãe, irmão, professor, tio, amigo, mas de preferência um psicólogo ou profissional especializado na mente humana (se não tiver condições financeiras para pagar, pode procurar opções gratuitas em faculdades de psicologia, centros de apoio etc.). Não deixe suas emoções prejudicarem a qualidade de sua rotina, pois há muita coisa boa a ser vivida!

Sou muito preocupado com esse assunto, porque sei que muitos jovens, atualmente, enfrentam a depressão, lutam contra uma ansiedade que paralisa, sofrem com crises de pânico que roubam o fôlego e vivem com um desespero silencioso que pode levar até mesmo ao suicídio. Para que esses sintomas não se tornem realidade — ou para que não se agravem, caso já existam —, é fundamental agir com urgência e buscar ajuda. Não permita que esses monstros ganhem força.

Ao trazer esse assunto, minha intenção não é simplesmente remediar a situação, e sim preveni-la. Prevenir para assegurar sua saúde, qualidade de vida e, assim, longevidade, pois você merece ser feliz. Muitas vezes, em diversas áreas da saúde, a tendência é reagir apenas quando o problema já se tornou evidente; em relação à saúde mental, especificamente, a tendência é reagir apenas quando já deixamos os amigos e os estudos de lado, não queremos mais sair de casa e sentimos que as paredes do nosso quarto nos oprimem. Mas, se formos proativos e preventivos, é possível aliviar os sintomas e mantê-los sob controle seguindo as orientações de um médico especialista.

Falando em prevenção, não podemos ignorar as manchetes frequentes sobre violência nas escolas: jovens que chegam a atos extremos de agressão contra colegas e professores, às vezes até contra familiares. Isso é um reflexo claro da falta de atenção à saúde mental e ao equilíbrio emocional. Esses incidentes muitas vezes têm raízes em situações de bullying e abusos sofridos, o que aponta para uma carência grave de valores e educação tanto no lar quanto na escola. Pais e professores têm um papel crucial ao ensinar e modelar crianças e jovens para conviver em sociedade de maneira saudável e respeitosa, prevenindo, assim, o desenvolvimento de comportamentos destrutivos e violentos. Isso também é uma questão de saúde mental coletiva, que envolve comunicação, observação atenta e, acima de tudo, pelo menos no meu caso, amor a Deus. Nunca deixe que coisas ruins assumam o controle da sua vida!

CRIAR HÁBITOS SAUDÁVEIS É SE AMAR E SE VALORIZAR TODOS OS DIAS. CADA ESCOLHA QUE VOCÊ FAZ PODE SER UM PASSO PARA UMA VIDA COM MUITO MAIS ENERGIA E EQUILÍBRIO. NÃO PRECISA MUDAR TUDO DE UMA VEZ: SÃO AS PEQUENAS COISAS, FEITAS COM PERSISTÊNCIA, QUE FAZEM A MAIOR DIFERENÇA.

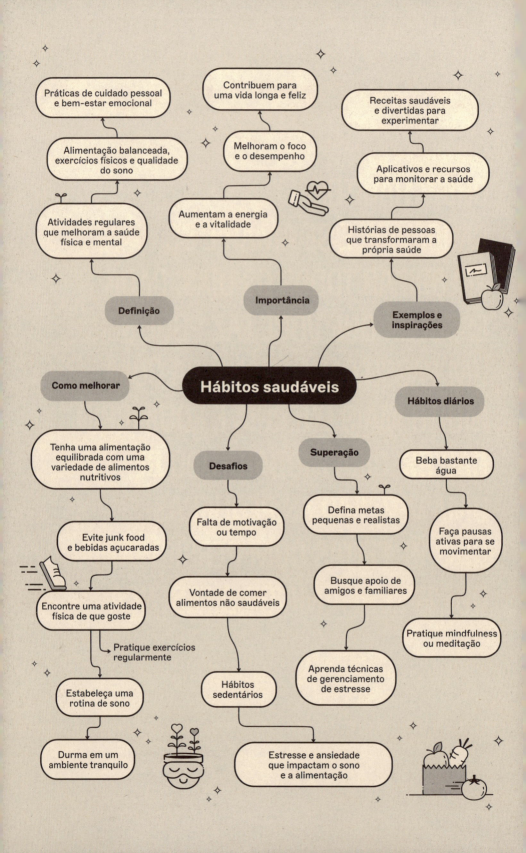

12

A MÁGICA DA CRIATIVIDADE

> **Criatividade:** capacidade de pensar "fora da caixa" e elaborar novas ideias ou soluções.

A criatividade é muito mais do que o simples ato de inovar: é o poder que nos permite ver além do convencional, imaginar mundos nunca antes concebidos e conectar pontos aparentemente desconexos. É a força que nos move para desafiar a realidade e dar vida a ideias revolucionárias. Jogos de videogame, cinema, celulares e até fones de ouvido só foram criados graças a pessoas que decidiram dar asas à própria imaginação!

Ao contrário do que muitos pensam, a criatividade não é um dom exclusivo para poucos. Todos nós nascemos com a capacidade de ser criativos. Você se lembra de quando era criança e transformava caixas de papelão em carrinhos, ou massa de modelar em bonecos? Ou quando desenhava histórias sem se preocupar com as "regras" do desenho? Essa é a essência da criatividade: a liberdade de expressão e a curiosidade incessante, sem bloqueios.

Embora a criatividade seja poderosa e acessível a todos, ela não é um superpoder que aparece do nada. Ela pode ser comparada a um quebra-cabeça: você monta as peças que já existem no seu cérebro, peças que estão ali e são resultado de tudo o que observou durante sua vida. Já ouviu falar em combinatividade? Pode parecer uma palavra um pouco complicada, mas a ideia por trás dela é bem simples. Imagine que você tem um monte de peças de Lego de diferentes formas e cores, as quais podem ser unidas de várias maneiras para criar objetos, personagens, paisagens... Combinatividade, no mundo das ideias, é a mesma coisa. Você pega diferentes ideias, conhecimentos e conceitos, e os combina para criar algo único. É como misturar música e tecnologia para criar um aplicativo de streaming ou juntar arte e matemática para fazer designs incríveis.

Pense em Steve Jobs, um dos fundadores da Apple. Ele pegou a ideia de computadores e misturou com programas de texto e um design inovador; ligou os pontos de um jeito que ninguém havia pensado antes e deixou a criatividade acontecer. Quanto mais coisas você conhece e aprende, mais combinações incríveis é capaz de criar!

Todos os dias temos a oportunidade de sermos mais criativos. Já viu algum truque que muda totalmente a forma como algo é utilizado no seu dia a dia? Existem milhares desses insights em vídeos nas redes sociais. As pessoas acham que sabem usar determinada ferramenta, aí do nada aparece alguém mostrando uma maneira muito mais incrível de usá-la. Sempre tem alguém que escreve nos comentários: "Uau, como não pensei nisso antes?!".

Se você viver trancado num quarto sem fazer nada a vida toda, corre o risco de acreditar que esse espaço representa o mundo inteiro. Agora, digamos que você resolva dar uma chance à curiosidade. Abre a porta do quarto e — surpresa! — descobre que tem uma casa inteira para explorar. A criatividade funciona da mesma maneira: exige que "saia da caixa", como se diz. Se você se mantém preso nas mesmas ideias de sempre, sem buscar outras alternativas, está preso no quarto. Mas, se começa a pegar ideias de diversos lugares, pessoas e livros, aí sim começa a jogar o jogo da criatividade. Em outras palavras, é fundamental ter a mente aberta para captar várias referências e novos conhecimentos a fim de descobrir o que pode criar se as conectar. É nesse momento que você abre as asas da imaginação e as coisas começam a ficar extraordinárias na sua vida!

Para ser criativo, busque estar próximo de pessoas igualmente curiosas. Certa vez, li que somos a média das cinco pessoas com as quais mais convivemos. Isso pode ser um clichê, mas carrega uma verdade intrínseca sobre a natureza humana: tendemos a assimilar as características daqueles que nos cercam. Portanto, se está rodeado de pessoas preguiçosas ou pessimistas, é provável que suas atitudes sejam influenciadas por esses comportamentos. Agora, imagine se estiver cercado de pessoas que desejam crescer e se desenvolver, que sonham em inovar e buscar soluções diferenciadas e que nunca desanimam. Sua vida, com certeza, será muito melhor.

Conscientizar-se disso é essencial. Muitas vezes, os obstáculos em nosso caminho são as pessoas com quem convivemos, sejam amigos ou familiares, mesmo sem terem má intenção. Essa percepção se tornou clara para mim quando decidi morar sozinho, em novembro de 2015, apesar da incerteza de poder arcar com as despesas. Esse passo foi renovador em minha vida. Abriu meus olhos para um mundo além da bolha em que eu estava acomodado, me permitiu sair do bairro onde cresci e explorar novos horizontes. Mudar de ambiente e buscar novas companhias me proporcionou mais aprendizado e, por consequência, me ajudou a ser mais criativo. Além disso, minha vontade de explorar o mundo e me destacar acendeu em mim a busca por ser diferente e não seguir um padrão preestabelecido.

Sei que somos frequentemente delimitados pelas restrições à nossa volta, impostas por pais e mães que enfrentaram muitas barreiras ou que não tiveram acesso à informação que a internet oferece atualmente. Eles não têm culpa, pois faltaram oportunidades para iluminar seus caminhos. Você, ao contrário, vive na era da informação, e seu acesso ao conhecimento é mais fácil. Portanto, você possui as ferramentas necessárias para expandir a mente. Então, não desperdice suas chances!

A criatividade começa com o desejo de se aventurar, ser original, ser crítico e buscar referências que ainda não fazem parte do nosso mundo, mas que, quando são descobertas, podem nos levar a lugares extraordinários!

Seja sempre curioso. Faça perguntas, explore novos hobbies e busque aprender constantemente, pois a curiosidade é o combustível da mente criativa. Além disso, exponha-se a diferentes ambientes, culturas e perspectivas. A diversidade pode ser uma grande fonte de inspiração para novas ideias e abordagens inovadoras.

Leve em consideração que, em certos momentos, é essencial desconectar-se para reconectar-se. Ou seja, ao se distanciar de um problema, você pode encontrar uma solução criativa e inovadora que não teria percebido de outra forma. Lembre-se: é importante aceitar o erro como parte do processo criativo. Erros são oportunidades de aprendizado e crescimento pessoal, sem falar que o medo do fracasso pode inibir a criatividade.

Além disso, não subestime o poder da colaboração. Duas cabeças pensam melhor que uma, e a troca de ideias pode levar a resultados surpreendentes e inovadores. Portanto, mantenha-se aberto ao compartilhamento de ideias, pois juntos podemos alcançar muito mais do que sozinhos.

NUM MUNDO QUE NÃO PARA DE GIRAR, NESTA GRANDE AVENTURA DA VIDA, SER CRIATIVO É OBRIGATÓRIO PARA CONSTRUIR UM BOM FUTURO. PENSE FORA DA CAIXA, SONHE ALTO E ARRISQUE. É ENTRE A IMAGINAÇÃO E A REALIDADE QUE A MÁGICA DA INOVAÇÃO ACONTECE!

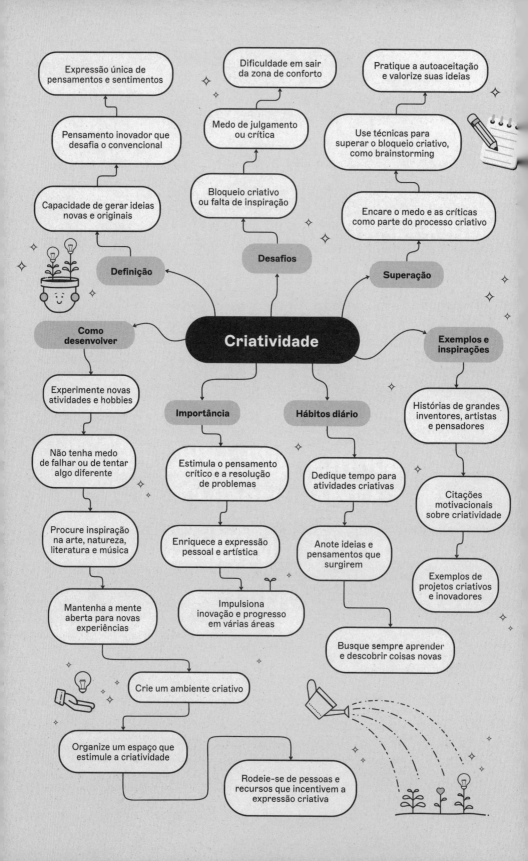

13

A MÁGICA DA EVOLUÇÃO CONTÍNUA

> **Evolução contínua:** dedicação em melhorar e crescer continuamente, buscando desenvolvimento constante.

Estar comprometido com o evolução pessoal contínua é se dedicar de forma inabalável a se aprimorar, aprender e crescer sempre. É a percepção de que, independentemente de onde você esteja na viagem da vida, sempre terá espaço para melhorar, adquirir novos conhecimentos e ter experiências enriquecedoras. Pare e pense: em um mundo em constante mudança, parar de aprender é o mesmo que ficar para trás por livre e espontânea vontade.

Ao evoluir, ampliamos nossos horizontes e nos tornamos mais resilientes e preparados para enfrentar os desafios. Também descobrimos novas maneiras de alcançar — e ampliar — o nosso máximo potencial, pois não ficamos acomodados com o que já conseguimos.

Se você é fã de música, por exemplo, pode observar como cantores e músicos estão sempre buscando melhorar suas composições e performances no palco. Anitta, por exemplo, além de ser conhecida internacionalmente, continua comprometida com seu desenvolvimento pessoal. Ela estudou administração e é fluente em vários idiomas, incluindo inglês, espanhol e italiano. Anitta não se contentou em ser apenas uma estrela da música pop brasileira: expandiu sua carreira internacionalmente, investindo em aprendizado e crescimento. Na área esportiva, podemos citar Rafael Nadal, tenista espanhol considerado um dos maiores jogadores da história, que é um exemplo brilhante de dedicação e evolução contínua. Conhecido por seu espírito de luta inabalável nas quadras, Nadal enfrentou vários desafios físicos ao longo de sua carreira por causa de lesões. Em vez de desistir, ele se adaptou, mudando aspectos de seu jogo e sempre buscando melhorar.

Gosto muito da teoria de mindset desenvolvida pela psicóloga Carol Dweck.[9] Dweck fala sobre duas maneiras de encarar a vida: existem pessoas que estão sempre abertas a aprender coisas novas (mentalidade, ou mindset, de crescimento), e outras que têm mais dificuldade (mentalidade, ou mindset, fixa).

Segundo a autora, a mentalidade de crescimento permite que pessoas se tornem mais inteligentes, amigáveis ou aventureiras, enxergando uma série de oportunidades de aprendizado e evolução mesmo em períodos complicados da vida. Já pessoas de mentalidade fixa, acreditando que não podem mudar seu jeito, ficam estagnadas. Esse mindset geralmente é desenvolvido desde cedo, em geral por influência de pais ou professores.

A verdade é que, com mindset de crescimento, isto é, com esforço e aprendizado, você pode se desenvolver em praticamente qualquer área. Se não é bom em alguma coisa agora, pode se tornar melhor no futuro. Com essa mentalidade de crescimento, você encara desafios, aprende com erros e persiste, mesmo quando as coisas são desafiadoras.

Quando comecei a exercitar a mágica, nunca pensei em desistir. Praticava todos os dias, buscava dicas na internet e pedia ajuda a profissionais experientes. Com o tempo, melhorei tanto a ponto de me tornar um dos mágicos mais respeitados do país e referência internacional.

Aprender e buscar crescer também é importante para a mente. **Nosso cérebro é como um aplicativo em constante atualização; ele muda e evolui a vida inteira, graças à neuroplasticidade, isto é, à sua capacidade de se adaptar e mudar ao longo da vida, até mesmo na velhice.** Mesmo que crianças e adolescentes aprendam com mais facilidade, o cérebro não para de se desenvolver. A ver-

---

[9] DWECK, C. *Mindset: A nova psicologia do sucesso*. Rio de Janeiro: Objetiva, 2017.

dade é que ele gosta de ser estimulado. Quando ficamos parados, o cérebro começa a envelhecer — e aposto que é de tristeza! Sempre dá para aprender coisas diferentes, seja hobbies, na escola ou na vida pessoal, e esse é um dos maiores prazeres da vida.

Com isso, quero dizer que o aprendizado não acaba quando paramos de frequentar a escola ou a faculdade — depois que me formei na faculdade de direito, continuei aprendendo e continuo buscando conhecimento até hoje. Se no trabalho, por exemplo, você fizer suas tarefas sempre da mesma maneira, corre o grande risco de ficar desatualizado ou "enferrujado". O importante é estar sempre se reinventando, aprendendo coisas novas, não apenas para a vida profissional, mas também para a pessoal.

O ser humano é um eterno estudante da vida, o que o torna único. Parar de evoluir é como ficar preso no passado, enquanto o mundo muda constantemente com o desenvolvimento de tecnologias e descobertas da ciência. Para não ficar para trás, e aproveitar a vida ao máximo, é essencial manter essa mentalidade de crescimento contínuo.

Mas, para que essa evolução aconteça de fato, ela precisa vir de dentro, ou seja, mesmo que haja coisas que só aprendemos vivendo, o essencial é ter vontade de melhorar todos os dias. Você precisa *escolher* evoluir e buscar novas experiências. É uma decisão que só você pode tomar. Quanto mais você se conhecer, melhor vai saber lidar com situações novas.

Já ouviu falar de Kaizen? É uma palavra japonesa que significa "melhoria contínua". No mundo dos negócios, isso quer dizer que estamos sempre buscando maneiras de ser um pouco melhor. Não são mudanças grandes, mas pequenos passos que, com o tempo, fazem uma grande diferença. A filosofia Kaizen destaca que, no trabalho em equipe, todos podem ajudar também no desenvolvimento de cada pessoa.

No cotidiano, podemos incorporar o conceito de Kaizen de maneiras simples. Em vez de fazer mudanças drásticas, a ideia é se dedicar a pequenos e constantes aprimoramentos. Isso pode começar com a definição de metas realistas, celebrando as pequenas conquistas diárias e refletindo sobre suas ações.

Assim como a melhoria, a aprendizagem contínua é parte fundamental do Kaizen — afinal, uma não vive sem a outra. Já falei sobre a importância de dedicar tempo aos estudos, cultivar hábitos de aprendizado constante, mesmo que seja algo pequeno. Além disso, podemos trabalhar na melhoria da nossa comunicação, expressando ideias de maneira clara e aprendendo a ouvir mais atentamente.

Em relação à saúde, como vimos, pequenas mudanças nos hábitos diários, como fazer escolhas alimentares mais saudáveis, exercícios leves e investir na qualidade do sono, podem fazer grande diferença ao longo do tempo. Organizar a vida pessoal, seja o espaço físico ou o gerenciamento do tempo, também é uma prática do Kaizen que contribui para se ter um dia a dia mais eficiente.

Em resumo, Kaizen é uma abordagem que destaca a importância do progresso consistente em direção ao aprimoramento pessoal. Ao implementar pequenas melhorias em várias áreas da vida, podemos criar mudanças significativas a longo prazo, transformando-nos gradualmente em versões mais refinadas de nós mesmos.

Posso dizer que a minha jornada tem sido uma busca sem fim por evolução, seja explorando a neurociência, o comportamento humano ou outras artes. Quer um exemplo? Também sempre sonhei em ser ator, mas minha experiência era muito pequena, pois tinha atuado somente em peças de escola e num pequeno trabalho no SBT. Recentemente, surgiu a chance de trabalhar numa série coreana produzida aqui no Brasil, e, mesmo que a dramaturgia não fosse meu principal foco naquele momento, acreditei ser possível encarar o desafio. Falar coreano não era um problema para mim, mas atuar numa série da HBO pedia algo a mais. Então, me dediquei a aprimorar minhas habilidades de atuação.

Espero que o meu exemplo mostre para você como vale a pena estar sempre aberto a aprender e evoluir, pois essas são as chaves não apenas para o sucesso profissional, mas também para uma vida mais divertida e cheia de propósito. Se eu tivesse me conformado com tudo que já havia aprendido até aquele momento, teria ficado para trás, mesmo sendo famoso. Não teria aproveitado da melhor forma aquela oportunidade. Mesmo assim, sei que se eu tiver o sonho de atuar em Hollywood ou fazer filmes na Coreia, por exemplo, precisarei investir mais tempo, energia e recursos para continuar melhorando.

Tenha certeza de que estar comprometido com sua evolução contínua é algo especial.

Aviso importante: o fato de se esforçar para continuar evoluindo não significa sair correndo como um maluco, sem bússola, e acabar perdido lá na frente. É preciso planejamento e paciência, elaborar planos e não pular etapas. Para chegar ao topo de uma escada, você sobe um degrau de cada vez. Caso decida queimar etapas, provavelmente sentirá falta de algum recurso ou conhecimento no futuro. O que você deve fazer? Monte um cronograma confiável, liste todas as habilidades de que precisa para atingir o seu objetivo e parta em busca de cada uma delas. Devagar e sempre!

Para alcançar o sucesso em seus empreendimentos, seja lá quais forem, é fundamental seguir algumas diretrizes essenciais. Primeiramente, pense aonde exatamente deseja chegar e procure traçar um plano detalhado para alcançar seus objetivos. Investir em educação é outra peça-chave para o crescimento pessoal e profissional, seja por meio de cursos formais, leitura de livros ou participação em seminários, a educação oferece ferramentas valiosas para expandir seus horizontes e aprimorar suas habilidades. Também gosto muito de refletir sobre as descobertas e os aprendizados que realizei ao longo do caminho, assim, tenho certeza de que isso o ajudará a progredir em direção aos seus objetivos com mais confiança e determinação.

ESTAR ATENTO AO SEU DESENVOLVIMENTO É UMA VIAGEM QUE NÃO TEM FIM, MAS VALE A PENA! CADA PASSO NESSA CAMINHADA FAZ VOCÊ CRESCER, SE EMPODERAR E TRANSFORMAR SUA VIDA DE UM JEITO INCRÍVEL. SER UM ETERNO APRENDIZ É O MELHOR PRESENTE QUE VOCÊ PODE SE DAR!

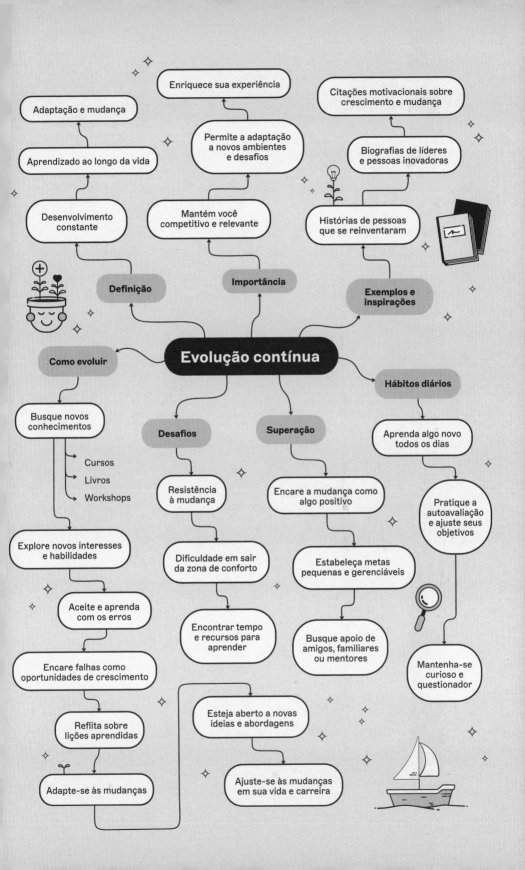

A MÁGICA DO MINDFULNESS

> **Mindfulness:** prestar atenção ao que está acontecendo no agora, sem se preocupar com o que passa ao seu redor naquele momento. É como observar seus pensamentos e sentimentos com calma, ajudando a manter o foco e desenvolver uma mente tranquila e saudável.

Mindfulness não é só uma moda temporária. É uma prática antiga que tem a ver com viver o momento, sem se apegar ao passado ou se preocupar demais com o futuro. É estar ligado aos seus pensamentos, emoções, corpo e no que está ao seu redor, sem fazer julgamentos. Basicamente, é a arte de viver o agora. Comer sentindo o sabor da comida, tomar banho sentindo a água caindo pelo corpo, prestar atenção aos detalhes do que está sendo vivido no momento. Pode parecer simples, mas isso requer prática constante.

A partir do entendimento das emoções e pensamentos, a técnica mindfulness nos ajuda a ver as coisas como elas realmente são, sem a interferência de reações automáticas ou opiniões preconcebidas, e, assim, podemos escolher como responder a diversas situações de um jeito mais saudável. Em vez de deixar o cérebro no piloto automático, nos dá a chance de pilotar nossa mente de forma mais consciente e equilibrada.

Num mundo que não desacelera nunca, cheio de distrações e mil coisas pedindo atenção, é fácil a nossa mente viajar sem rumo. Às vezes, nem percebemos o que está acontecendo ao nosso redor. Por isso, praticar mindfulness pode ajudar você a estar mais presente no agora, o que pode proporcionar paz de espírito, diminuir o estresse e levá-lo a entender melhor quem é e o que de fato deseja.

Como falei anteriormente, é claro que ter planos para o futuro, estabelecer metas e objetivos é superimportante, mas isso não significa esquecer de aproveitar o que se tem agora: família, amigos, trabalho e até os sonhos do presente. É essencial ir atrás dos objetivos, mas os planos para o futuro não devem ser fonte de estresse ou tirar seu foco no agora: hoje você também tem desafios e coisas inesperadas podem acontecer; você precisa estudar hoje para ter o conhecimento necessário para realizar um sonho daqui a um tempo, por exemplo. Viver o agora ajuda você a ficar mais forte e perceber oportunidades, porque assim não ficará perdido nem distraído pensando em coisas sobre as quais não tem nenhum controle.

Há pessoas que ficam tão ansiosas com situações que nem aconteceram ainda que podem sofrer algum tipo de transtorno mental. Isso acontece porque a mente não entendeu que se preocupar demais ou ficar nervoso não vai mudar a situação, só desgasta. **Aquilo que sabemos que não pode ser mudado, como o que já aconteceu ou o que não podemos influenciar, não deve tomar a nossa energia.** Entender isso é o primeiro passo para cuidar melhor das emoções e da saúde mental. Lembre-se: você só pode alcançar as suas metas se estiver bem e saudável no presente.

Aqui vai uma proposta: em vez de se perder em preocupações que não levam a lugar algum, que tal usar essa energia maravilhosa para pensar em soluções reais? Quando não temos controle de um problema, o mais adequado é usar o cérebro para encontrar soluções e agir, sem se estressar demais.

Como seres emocionais, é normal nos deixarmos levar pelas emoções. O problema é quando esses sentimentos tomam conta e passam a dirigir nossas ações, nos fazendo reagir de um jeito ruim. O cérebro é como um músculo: ele aprende e cria reações automáticas, como: "Quando isso acontecer, devo agir assim porque me sentirei melhor". Mas, às vezes, esse jeito pode não ser a melhor opção. O medo, seja real ou imaginário, pode fazer você reagir de um jeito programado pelo seu cérebro desde a infância, mesmo que não faça muito sentido (como ter um medo exagerado de insetos ou animais). Fobia e medo de barata, por exemplo, pode fazer as pessoas surtarem, gritarem, chorarem, subirem no sofá, mas, racionalmente falando, a barata é um inseto pequeno que pode ser eliminado com o uso de inseticida ou uma chinelada. As pessoas que sentem um medo irracional foram condicionadas, de alguma forma, a agir dessa maneira. É só perceber que também existem pessoas que não têm medo algum e matam a barata sem pensar e sem ter reações negativas.

Você sabia que o cérebro não consegue diferenciar o que é real do que é imaginário? Se ele acha que tem algo nos ameaçando, mesmo que seja só nossa imaginação, ele já liga o modo de defesa. As "proteções" ativadas desnecessariamente podem acabar virando um problema, impedindo a pessoa de vivenciar plenamente o seu presente.

Lembra que falei que mindfulness é viver o momento, prestando atenção no agora? Pois é, essa técnica pode ajudar muito a entender esses gatilhos cerebrais. Quando praticamos mindfulness, começamos a reconhecer as reações de defesa que o cérebro aciona — mesmo que não haja uma ameaça real —, e aos poucos aprendemos a encontrar formas para recondicionar essas respostas. Isso é essencial para ter uma saúde mental mais equilibrada e viver de um jeito menos reativo e mais consciente.

Coloque em prática

- **Respire conscientemente.** Reserve um momento para focar em sua respiração. Sinta o ar entrando e saindo de seu corpo, sentindo cada inspiração e expiração.

- **Pratique técnicas de meditação.** Mesmo que por poucos minutos, dedique-se diariamente à meditação. Existem diversas técnicas e aplicativos que podem guiá-lo nessa jornada.

- **Pratique atenção plena.** Seja comer, caminhar ou simplesmente escutar música, faça com total atenção, apreciando cada detalhe.

- **Desconecte-se.** Todos os dias, mantenha-se longe das telas e da tecnologia por alguns minutos. Esse momento é crucial para se reconectar consigo.

- **Aceite.** Aprenda a aceitar seus pensamentos e sentimentos sem julgamento. Reconheça-os, mas não se deixe dominar por eles.

MINDFULNESS NÃO É APENAS UMA TÉCNICA, É UM ESTILO DE VIDA. AO ABRAÇAR O PODER DO PRESENTE, NOS LIBERTAMOS DAS AMARRAS QUE NOS IMPEDEM DE VIVER PLENAMENTE.
E, AO FAZÊ-LO, DESCOBRIMOS A BELEZA E A PROFUNDIDADE QUE CADA MOMENTO TEM A OFERECER.

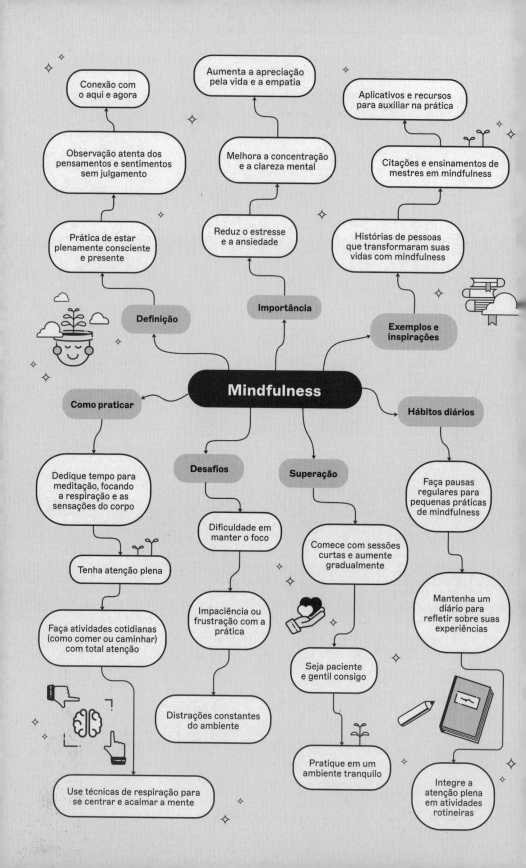

15

A MÁGICA DA ADAPTABILIDADE

Adaptabilidade: capacidade de ajustar-se rapidamente a novas situações ou mudanças.

Adaptabilidade é ser como um camaleão, mudando e se ajustando rapidamente quando as situações ao redor se alteram. Num mundo que não para de se transformar, ser adaptável não é apenas vantajoso, é essencial para se dar bem e não ficar para trás.

Quando nos deparamos com coisas que não saem como o planejado, é preciso analisar a situação e fazer os ajustes necessários. Por exemplo, quando eu estava ativo na televisão e de repente comecei a receber menos convites, não adiantava eu sentar e chorar ou ficar chateado: era hora de pensar em algo novo. Foi o que fiz: identifiquei o problema, procurei opções e, assim, decidi investir na internet. Foi o que meu tio fez ao encerrar a confecção de roupas e abrir uma mercearia.

Agora imagine que a sua família tem um negócio que começou a falir. Não é desistindo que se resolve, mas sim se adaptando. Sempre esteja focado na solução das situações, independentemente do assunto. Em outras palavras, buscar diferentes alternativas é o segredo das pessoas altamente adaptáveis.

Ter adaptabilidade e pensamento analítico é superimportante. É bom lembrar que isso é bem diferente de seguir a maioria ou se conformar com determinada situação. Muita gente confunde adaptar-se com fazer o que todo mundo está fazendo, como acontece durante o "efeito manada", em que todos passam a agir igual.

Adaptar-se de verdade é saber mudar e se ajustar às situações, mas sempre seguindo sua cabeça, tendo em vista os próprios princípios e objetivos! É como estar numa situação nova e pensar: "O que posso fazer agora que faça sentido para mim?". Não é só seguir o fluxo porque todo mundo está indo em determinada direção.

Pensar por si enquanto se adapta significa estar atento ao que acontece no mundo, mas também questionar e tomar decisões que são boas para você, não só porque seus amigos estão fazendo.

Ser adaptável é aprender a ficar tranquilo até nas situações mais tensas, é ver cada desafio como uma chance de crescer. Por exemplo, se você faz palestras, deve entender que cada público é diferente e precisa de uma abordagem específica, assim, tem que se adaptar ao que cada grupo pede. Como palestrante, procuro justamente me conectar ao público e adaptar a mensagem, mas sempre sendo fiel ao meu pensamento.

Isso também vale em relação às mudanças que "vêm do nada", como novas leis ou tecnologias que impactam nosso trabalho. **Ser flexível e se manter atualizado é crucial para não ficar perdido neste mundo louco em que vivemos.**

No contexto do pensamento crítico e analítico, adaptabilidade significa ser capaz de analisar situações novas e diferentes, avaliando a melhor forma de responder a elas. Também envolve a flexibilidade mental, para se manter aberto a novas ideias e perspectivas, permitindo ajustes de estratégias conforme necessário. Além disso, inclui a resiliência, mantendo a eficácia e o bem-estar mesmo quando surgem obstáculos e mudanças inesperadas ou desafiadoras, e o crescimento contínuo, buscando constantemente novas informações e habilidades para se manter relevante e eficaz em um ambiente em constante evolução.

Na sociedade atual, muitos se baseiam em suposições e informações superficiais, às vezes propagadas por fontes não confiáveis. Portanto, é vital desenvolver a capacidade de analisar informações de maneira profunda, buscando fatos e formando opiniões próprias a partir de uma compreensão clara dos eventos. O pensamento próprio é fundamental para que você não seja levado por achismos de opiniões alheias, se tornando só mais um medíocre (mediano) no meio de muitos.

A habilidade de pensar de forma crítica, não aceitando passivamente tudo que é apresentado como verdade, pode ser o que vai te diferenciar. Ao desenvolver essas capacidades, você não apenas terá uma vantagem competitiva significativa, mas também estará mais preparado para enfrentar qualquer tipo de situação, seja em sua vida pessoal, profissional ou acadêmica.

Digo e repito: quem se mantém preso ao passado ou em jeitos antigos de pensar e fazer as coisas geralmente fica para trás. Já quem é adaptável está em vantagem, porque consegue ver as novas chances que aparecem e ainda tem a habilidade de lidar com os desafios de um jeito mais tranquilo.

É como estar numa onda gigante de novidades: quem fica parado, esperando a onda passar, acaba sendo levado por ela, mas quem surfa nessa onda, se adaptando e mudando de acordo com o movimento da água, consegue aproveitar a oportunidade e até se divertir com as alterações. Então, a dica é: fique atento, seja flexível e esteja pronto para pegar as novas ondas que a vida traz!

A adaptabilidade é tão importante que as empresas também precisam se adaptar às preferências e aos comportamentos em constante mudança dos consumidores. Por exemplo, muitas marcas de moda e tecnologia estão sempre se reinventando para se manter relevantes e atrativas: elas atualizam seus designs, incorporam tecnologia de ponta em seus produtos ou, até mesmo, elaboram produtos *ecofriendly*, caso percebam que seus consumidores estão conectados às questões ambientais.

Tal habilidade não apenas abre portas para oportunidades incríveis, mas também permite que você percorra um caminho repleto de realizações e sucesso em todas as esferas da vida. A capacidade de se adaptar é, portanto, uma chave mestra para desbloquear um futuro brilhante e cheio de conquistas.

ADAPTABILIDADE É MUITO MAIS DO QUE SOMENTE LIDAR COM AS MUDANÇAS QUANDO ELAS APARECEM. É COMO SER UM JOGADOR BEM TREINADO E PREPARADO PARA RECEBER A BOLA DE QUALQUER DIREÇÃO!

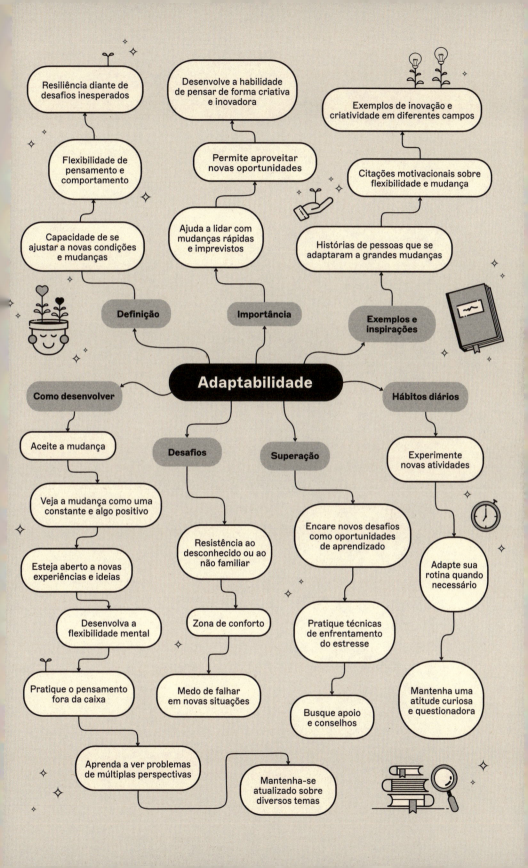

É HORA DE DIZER ATÉ LOGO

Ah, a juventude! Esse período é repleto de sonhos, energia e um monte de incertezas, mas, sem dúvida alguma, é uma das melhores épocas da vida.

Agora que você navegou por este livro, desejo que tenha percebido uma coisa: mais do que sonhar, é importante ter as ferramentas certas para transformar esses sonhos em realidade. Quais ferramentas? Os princípios, práticas e dicas que a gente discutiu aqui, ao longo destas páginas.

Eles são pilares que sustentam o prédio da sua vida. Fazem você se destacar num mundo onde todos têm acesso às mesmas informações, mas poucos sabem o que fazer com elas. Pense numa bússola que ajuda a achar o caminho certo quando há diversos outros possíveis. De que adianta ter uma bússola se não sabe como ela pode ajudar? Quero que as minhas dicas funcionem desta maneira para você: mostrei a bússola (o livro), apresentei as informações que ela pode dar (dicas, comportamentos, hábitos etc.) e ensinei como elas podem ajudá-lo a encontrar e a percorrer o melhor caminho até alcançar seu objetivo.

Cada um dos princípios exerce um papel especial: a autenticidade o torna único, enquanto a adaptabilidade mantém você conectado com o mundo; a busca constante por conhecimento mantém sua mente sempre aprendendo, enquanto a definição de objetivos é capaz de o levar bem longe.

Pode parecer desafiador desenvolver todas essas habilidades, mas lembra das histórias e exemplos que compartilhei?

Você pode ser tão incrível quanto qualquer pessoa que admire. O segredo é cultivar hábitos saudáveis e colocar em prática as dicas dos mapas mentais que sugeri em cada capítulo. Isso é a diferença entre apenas sonhar e realizar.

Então, querido jovem, ao fechar este livro, quero que se sinta pronto para ser a melhor versão de si mesmo. Você tem o poder de construir uma história incrível. **Não espere o futuro chegar, comece a construí-lo agora.** O mundo precisa do que você tem a oferecer, e você tem tudo para brilhar.

Então, dê o próximo passo. Compartilhei minha vida, meus erros e aprendizados para mostrar que é possível. Agora é sua vez. A jornada está só começando.

Se quiser continuar conectado, siga-me nas redes sociais. Vamos trocar mais ideias e seguir evoluindo. Espero você por lá!

CADERNO
DE EXERCÍCIOS

Aqui, você encontrará atividades para fortalecer suas habilidades de autoconhecimento, controle emocional e foco, entre outros assuntos que apresentei neste livro. Os exercícios foram escolhidos e elaborados para que proporcionem um impacto positivo, significativo e complementar em sua jornada de crescimento. Faça as atividades, coloque o que aprendeu em prática e observe seu progresso.

Boa sorte e aproveite cada momento!

Gratidão e pensamento positivo

Exercício 1: Diário da gratidão
Descrição: Todos os dias, escreva três coisas pelas quais você é grato. Pode ser algo grande ou pequeno, por exemplo, um dia ensolarado ou ter tirado uma boa nota na escola.
Objetivo: Aumentar a consciência sobre os aspectos positivos da sua vida e desenvolver uma atitude de gratidão.

Exercício 2: Caça ao tesouro positivo
Descrição: Durante uma semana, encontre pelo menos uma coisa positiva em cada situação, especialmente nas desafiadoras.
Objetivo: Treinar a mente para buscar e reconhecer aspectos positivos em todas as circunstâncias.

Exercício 3: Cartas de gratidão
Descrição: Escreva uma carta de gratidão para alguém que fez a diferença na sua vida e, se possível, entregue ou envie para essa pessoa.
Objetivo: Expressar gratidão e apreciação, fortalecendo relacionamentos e espalhando positividade.

Exercício 4: Desafio do sorriso
Descrição: Sorria para pelo menos cinco pessoas por dia, seja um amigo, um membro da família ou até um estranho na rua.
Objetivo: Cultivar a positividade e a conexão humana com um simples sorriso.

Exercício 5: *Reframing* positivo
Descrição: Quando pensar em algo negativo, reformule esse pensamento de forma positiva.
Objetivo: Praticar o pensamento positivo e transformar a mentalidade negativa em uma mais otimista.

Clareza e autoconhecimento

Exercício 1: Perguntas de autoconhecimento
Descrição: Responda a uma lista de perguntas profundas sobre si mesmo, como "O que me faz feliz?" e "Quais são meus medos?".
Objetivo: Encorajar a reflexão e ajudar a descobrir aspectos importantes sobre si.

Exercício 2: Mapeando emoções
Descrição: Mantenha um registro diário das suas emoções. Anote como você se sente em diferentes momentos do dia e o que desencadeou esses sentimentos.
Objetivo: Melhorar a compreensão das próprias emoções e a maneira como elas são influenciadas.

Exercício 3: Minha vida em fotos
Descrição: Crie um álbum de fotos que representem momentos significativos da sua vida e escreva legendas explicando a importância de cada um.
Objetivo: Visualizar e refletir sobre as experiências que moldaram quem você é.

Exercício 4: Carta para o eu do passado
Descrição: Escreva uma carta para o seu eu de um momento passado da sua vida, oferecendo conselhos e perspectivas que você tem agora e que poderiam ter facilitado a evolução do seu eu mais jovem.
Objetivo: Avaliar o crescimento pessoal e ganhar clareza sobre as lições aprendidas ao longo da vida.

Conhecimento

Exercício 1: Mapa do conhecimento
Descrição: Desenhe um mapa que mostre tudo que você sabe sobre um tópico específico. Inclua o que aprendeu na escola, em livros, na internet ou com experiências próprias.
Objetivo: Visualizar o que você já sabe e identificar áreas em que pode expandir seu conhecimento.

Exercício 2: Desafio de aprendizado de uma semana
Descrição: A cada semana, escolha um novo tópico para aprender. Pode ser algo relacionado à escola, um hobby, ou até algo aleatório que você sempre teve curiosidade.
Objetivo: Desenvolver o hábito de aprender continuamente e descobrir novos interesses.

Exercício 3: Entrevistas de aprendizado
Descrição: Entreviste alguém que você considera sábio ou experiente. Prepare perguntas sobre suas experiências de vida, lições aprendidas e conhecimentos.
Objetivo: Aprender com as experiências e a sabedoria de outras pessoas.

Exercício 4: Diário de curiosidades
Descrição: Mantenha um diário para anotar todas as perguntas que surgirem na sua cabeça durante a semana. Pesquise as respostas e anote-as.
Objetivo: Estimular a curiosidade e a pesquisa ativa.

Exercício 5: Jogo do conhecimento
Descrição: Faça um quiz com amigos ou família. Pode usar jogos de tabuleiro de conhecimentos gerais ou criar sua própria brincadeira, com perguntas sobre os tópicos que estão aprendendo.
Objetivo: Tornar o aprendizado divertido e social.

Mentoria

Exercício 1: Identifique seus mentores
Descrição: Faça uma lista de pessoas que você admira ou que influenciam positivamente sua vida. Isso pode incluir professores, membros da família, figuras públicas ou até personagens de livros ou filmes.
Objetivo: Reconhecer quem são seus mentores e o que você pode aprender com eles.

Exercício 2: Entrevista imaginária
Descrição: Escolha uma pessoa que você considera um mentor e escreva uma entrevista imaginária com ela. Pense nas perguntas que gostaria de fazer e nas respostas que essa pessoa daria.
Objetivo: Refletir sobre as lições e os conselhos que seus mentores poderiam oferecer.

Exercício 3: Carta para um mentor
Descrição: Escreva uma carta para um mentor real, expressando gratidão e explicando o que você aprendeu com essa pessoa.
Objetivo: Desenvolver apreciação pelos mentores da sua vida e fortalecer esses relacionamentos.

Exercício 4: Dia do Mentor
Descrição: Escolha um dia para agir como um dos seus mentores agiria. Incorpore as qualidades ou os comportamentos que você admira.
Objetivo: Experimentar e aprender com os exemplos positivos dos seus mentores.

Exercício 5: Planeje seu caminho com base nos mentores
Descrição: Pense em um de seus objetivos e como seus mentores poderiam ajudá-lo a alcançá-lo. Elabore um plano de ação baseado em seus conselhos ou exemplos.
Objetivo: Usar as lições dos seus mentores como guia para alcançar seus próprios objetivos.

Autenticidade

Exercício 1: Espelho da verdade
Descrição: Fique na frente do espelho e fale sobre si mesmo, destacando qualidades, interesses e sonhos. Seja honesto e positivo.
Objetivo: Aumentar a autoaceitação.

Exercício 2: Galeria de inspirações
Descrição: Crie um mural (físico ou digital) com imagens, citações e exemplos de pessoas que você considera autênticas e inspiradoras.
Objetivo: Inspirar-se em exemplos de autenticidade e aplicar essas lições à sua própria vida.

Exercício 3: Desafio do *feedback*
Descrição: Peça feedback a amigos e familiares sobre quando eles acham que você é mais autêntico. Compare com suas próprias percepções.
Objetivo: Obter uma visão externa da sua autenticidade e aprender como outros percebem sua personalidade.

Autodisciplina

Exercício 1: Diário da autodisciplina
Descrição: Durante uma semana, mantenha um diário no qual você anotará todos os momentos em que precisou usar a autodisciplina. Isso pode incluir fazer a lição de casa, acordar cedo ou resistir à tentação de procrastinar.
Objetivo: Ajudar a reconhecer e valorizar os momentos em que você teve autodisciplina no dia a dia.

Exercício 2: Desafio dos 21 dias
Descrição: Escolha um hábito que gostaria de desenvolver ou um que gostaria de parar. Comprometa-se a praticar esse hábito (ou evitá-lo) por, pelo menos, 21 dias.
Objetivo: Mostrar como a autodisciplina pode ser usada para formar ou quebrar hábitos.

Exercício 3: Planejamento de metas
Descrição: Escreva uma meta que quer alcançar. Depois, divida-a em pequenos passos e monte um cronograma para realizar cada etapa.
Objetivo: Ensinar a usar a autodisciplina para alcançar objetivos de longo prazo, por meio de planejamento e execução de ações específicas.

Exercício 4: Jogo do "Não posso"
Descrição: Por um dia inteiro, substitua a frase "não posso" por "não quero". Por exemplo, em vez de dizer "não posso comer doces", diga "não quero comer doces".
Objetivo: Aumentar a consciência sobre as escolhas pessoais e o papel da autodisciplina nelas.

Exercício 5: Reflexão sobre obstáculos
Descrição: Pense em um momento recente em que você teve dificuldade em manter a autodisciplina. Escreva sobre o que aconteceu e pense em estratégias para lidar melhor com situações semelhantes no futuro.
Objetivo: Desenvolver habilidades de enfrentamento e estratégias para superar desafios à autodisciplina.

Criatividade

Exercício 1: Brainstorm diário
Descrição: Todos os dias, dedique dez minutos para anotar todas as ideias que vierem à sua mente, não importa quão loucas ou impossíveis pareçam.
Objetivo: Estimular a mente a pensar de forma livre e criativa, sem limites.

Exercício 2: Reescreva sua rotina
Descrição: Escreva sua rotina diária e, depois, reescreva-a de maneira diferente e criativa. Por exemplo, se normalmente escova os dentes e depois toma café, pense em como poderia tornar essas atividades mais interessantes. Talvez possa ouvir uma música enquanto escova os dentes, e escutar um podcast para adquirir conhecimento enquanto toma café da manhã.
Objetivo: Encorajar a pensar sobre as tarefas cotidianas de maneiras diferentes e criativas.

Exercício 3: Desafio da invenção
Descrição: Escolha um objeto comum na sua casa e pense em cinco utilidades diferentes para ele que não sejam o seu uso original.
Objetivo: Desenvolver a habilidade de pensar fora da caixa e ver as coisas sob uma nova perspectiva.

Exercício 4: Diário visual
Descrição: Crie um diário visual, com desenhos, colagens ou qualquer forma de arte de que você goste, para expressar suas ideias e sentimentos.
Objetivo: Usar a arte como forma de estimular a criatividade e a expressão pessoal.

Exercício 5: História aleatória
Descrição: Pegue três palavras aleatórias (por exemplo, "estrela", "livro" e "praia") e escreva uma história curta que inclua todas elas.
Objetivo: Praticar a habilidade de criar narrativas e histórias a partir de elementos aparentemente desconexos.

Evolução

Exercício 1: Linha do tempo pessoal
Descrição: Crie uma linha do tempo que mostre seu crescimento e evolução nos últimos anos. Inclua eventos importantes, conquistas e até mudanças na forma de pensar.
Objetivo: Visualizar seu desenvolvimento ao longo do tempo e reconhecer o quanto você já evoluiu.

Exercício 2: Desafio "Um passo de cada vez"
Descrição: Estabeleça um pequeno objetivo para melhorar algo em si mesmo a cada semana. Pode ser relacionado a habilidades, comportamento, conhecimento etc.
Objetivo: Estimular a melhoria contínua e o hábito de se desafiar regularmente.

Exercício 3: Diário de reflexões
Descrição: No final de cada dia, escreva sobre o que você aprendeu, como se sentiu e o que poderia ter feito de diferente.
Objetivo: Promover a autoanálise e a reflexão diária, fundamentais para o crescimento pessoal.

Exercício 4: Carta para o futuro
Descrição: Escreva uma carta para o seu eu do futuro, descrevendo suas esperanças, metas e onde gostaria de estar em termos de crescimento pessoal.
Objetivo: Estabelecer uma visão clara do seu futuro ideal e incentivar o esforço contínuo para alcançá-lo.

Exercício 5: Aprendizado fora da zona de conforto
Descrição: Faça uma coisa que está fora da sua zona de conforto, algo que normalmente evitaria, mas que contribuirá para o seu crescimento.
Objetivo: Aprender a enfrentar e superar os medos, ampliando suas experiências e habilidades.

Mindfulness

Exercício 1: Respiração consciente
Descrição: Pratique respirações profundas por cinco minutos, focando totalmente na sua respiração, sentindo o ar entrar e sair de seu corpo.
Objetivo: Desenvolver a atenção plena no momento presente e acalmar a mente.

Exercício 2: Passeio mindfulness
Descrição: Faça uma caminhada lenta, observando tudo ao seu redor, sons, cheiros, cores e sensações. Evite distrações, como o celular.
Objetivo: Praticar estar plenamente presente e consciente de onde se está.

Exercício 3: Comendo com atenção
Descrição: Escolha uma refeição para comer de maneira consciente. Concentre-se em cada mordida, prestando atenção aos sabores, texturas e sensações.
Objetivo: Experienciar o mindfulness em uma atividade cotidiana, aumentando a apreciação pelas pequenas coisas.

Exercício 4: Diário de gratidão mindfulness
Descrição: Todos os dias, escreva pelo menos uma coisa pela qual você é grato, realmente sentindo essa gratidão.
Objetivo: Combinar a prática de mindfulness com o reconhecimento das coisas positivas da vida.

Exercício 5: Mindfulness musical
Descrição: Escute uma música com total atenção, fechando os olhos e se concentrando em cada instrumento, nota e palavra.
Objetivo: Usar a música como ferramenta para a prática de atenção plena, aumentando a apreciação pela arte.

Adaptabilidade

Exercício 1: Jogo das mudanças
Descrição: Escreva diferentes cenários que exigem adaptação (como mudar de escola, lidar com um novo hobby etc.) e pense em estratégias para se adequar a cada um.
Objetivo: Desenvolver habilidades de adaptação a diversas situações.

Exercício 2: Reflexão
Descrição: Pense em um momento recente em que você teve que se adaptar a uma mudança. Escreva como se sentiu e o que fez para se adaptar.
Objetivo: Reconhecer sua capacidade de adaptação e aprender com experiências passadas.

Exercício 3: Desafio semanal da adaptabilidade
Descrição: Toda semana, escolha uma nova atividade ou mudança na rotina para implementar. Pode ser algo pequeno, como mudar o caminho para a escola ou provar uma nova comida.
Objetivo: Praticar a adaptação a pequenas mudanças e sair da zona de conforto.

Exercício 4: Simulação de adaptação
Descrição: Com amigos ou familiares, encene situações em que a adaptabilidade é necessária (por exemplo, uma situação de emergência ou um problema inesperado) e discuta diferentes maneiras de lidar com elas.
Objetivo: Melhorar as habilidades de pensamento rápido e adaptação em situações variadas.

Exercício 5: Diário de flexibilidade
Descrição: Mantenha um diário por um mês, anotando todas as vezes que você teve que ser flexível ou adaptável. No final do mês, reflita sobre esses momentos.
Objetivo: Conscientizar-se sobre a frequência e a importância da adaptabilidade no dia a dia.

Visão de futuro

Exercício 1: Cápsula do tempo
Descrição: Escreva uma carta para o seu futuro eu, descrevendo suas esperanças, sonhos e onde você se vê daqui a cinco anos. Guarde a carta em um lugar seguro para abrir no futuro.
Objetivo: Criar uma visão clara do futuro e estabelecer metas pessoais a longo prazo.

Exercício 2: Quadro de visão
Descrição: Crie um quadro de visão usando recortes de revistas, desenhos ou impressões que representam seus sonhos e objetivos futuros.
Objetivo: Visualizar seus objetivos futuros de forma criativa e inspiradora.

Exercício 3: Planejamento reverso
Descrição: Pense em um grande objetivo que você quer alcançar no futuro. Comece pelo resultado final e planeje os passos necessários para chegar lá, trabalhando de trás para frente.
Objetivo: Desenvolver um plano concreto e realista para alcançar seus sonhos.

Exercício 4: Diário dos sonhos
Descrição: Mantenha um diário no qual você escreverá sobre seus sonhos e aspirações, explorando detalhes sobre como gostaria que seu futuro fosse.
Objetivo: Encorajar a reflexão profunda sobre o que realmente deseja para o seu futuro.

Exercício 5: Entrevistas inspiradoras
Descrição: Entreviste pessoas que estão no caminho ou já alcançaram o que você deseja para o seu futuro. Pergunte sobre suas jornadas, desafios e conselhos.
Objetivo: Obter insights e ser inspirado por pessoas que já estão trilhando caminhos semelhantes aos que você está ou deseja percorrer.

Fontes Maiola, Antipoda Variable, ABC Marfa
Papel Polén Natural 80g/m²
Impressão Imprensa da Fé